Walther Ziegler

Rousseau
in 60 Minuten

Dank an Rudolf Aichner für seine unermüdliche und kritische Redigierung,
Silke Ruthenberg für die feine Grafik, Angela Schumitz, Lydia Pointvogl, Eva Amberger,
Christiane Hüttner, Dr. Martin Engler für das Lektorat
und Dank an Prof. Guntram Knapp, der mich für die Philosophie begeistert hat.

Bibliografische Information der Deutschen Nationalbibliothek:
Die Deutsche Nationalbibliothek verzeichnet diese Publikation in der Deutschen Nationalbibliografie; detaillierte bibliografische Daten sind im Internet über www.dnb.de abrufbar.

© 2015 Dr. Walther Ziegler
2. Auflage Juli 2015
Umschlaggestaltung und Grafik des gesamten Buches: Silke Ruthenberg
unter Verwendung von Illustrationen von:
Raphael Bräsecke, Creactive – Atelier für Werbung, Comic & Illustration (Zeichnungen)
© JackF - Fotolia.com (Bilderrahmen)
© Valerie Potapova - Fotolia.com (Bilderrahmen)
© Svetlana Gryankina - Fotolia.com (Sprechblasen)
Herstellung und Verlag:
BoD – Books on Demand, Norderstedt

ISBN 978-3-7347-2555-5

Inhalt

Die große Entdeckung Rousseaus   7

Rousseaus Kerngedanke   15
  Der edle Wilde   15
  Das Verhängnis der Ehe und der Sprache   20
  Der Fluch der Sesshaftigkeit   25
  Das Leben außerhalb seiner selbst   28
  Die Eigentumslüge   31
  Der Staat als Instrument der Unterdrückung der Besitzlosen   34
  Zurück zur Natur?   40
  Der Gesellschaftsvertrag als Lösung   45
  Der Gemeinwille und der Wille der Vielen   54
  Die Erziehung zur natürlichen Freiheit   65

Was nützt uns Rousseaus Entdeckung heute?   73
  Dagegen sein – eigene Wege gehen   73
  Mehr Demokratie wagen   79
  Die Besinnung auf die Natur – ökologisch leben   82
  Erziehung zur Freiheit   87
  Raus aus der Matrix – intensiv leben   91

Zitatverzeichnis   99

Die große Entdeckung Rousseaus

Rousseau (1712-1778) war der Denker des Gegenteils. Er widersprach so ziemlich allem, was seine Zeitgenossen im 18. Jahrhundert für wahr und richtig hielten: dem Gottesgnadentum, der Adelsgesellschaft, der Kirche, der autoritären Erziehung und dem Staat mit all seinen Institutionen.

Er war der erste wirklich radikale Gesellschaftskritiker. Sein ganzes Leben bewegte er sich gegen den Strom. Selbst heute noch ist sein Werk ein Stein des Anstoßes. Obwohl Rousseau sein Geld als Philosoph, Künstler und Dramaturg verdiente, kritisierte er ohne Bedenken auch die Philosophie, die Kunst und das Theater als bloße Ablenkung und Verblendung. Auch in die Pädagogik mischte er sich ein. An Stelle der strengen Aufzucht der Kinder befürwortete er deren freie Selbstentfaltung und wurde zum Begründer des antiautoritären Erziehungsgedankens.

Mit seiner Kritik an jeglicher Form von Unterdrückung und seiner politischen Forderung nach Demokratie und Gleichheit bereitete er der französischen Revolution den Boden und inspirierte sogar den

Frühsozialismus, den Marxismus und die kritische Theorie. Aber auch entgegengesetzte Strömungen wie die Romantik, der Sturm und Drang und die Philosophie Nietzsches wurden vom ihm beeinflusst. Mit einem Wort: Der Querdenker Rousseau versetzte ganz Europa in Unruhe. Die geistigen Impulse, die von ihm ausgingen, waren ebenso vielfältig und turbulent wie sein Leben selbst. Kein anderer Philosoph hinterließ jemals eine derart schillernde Biografie.

Am Ende seines ruhelosen Lebens, mit 66 Jahren, hatte er es tatsächlich geschafft, zwölf verschiedene Berufe auszuüben, zweimal die Konfession zu wechseln und drei verschiedene Staatsbürgerschaften anzunehmen. Zudem bewohnte er eine zweistellige Zahl von Wohnsitzen und liebte eine beträchtliche, nicht genau feststellbare Zahl von Frauen.

Aber damit nicht genug: Der Querkopf Rousseau brachte das Kunststück fertig, sich mit fast allen Menschen zu zerstreiten, die ihm jemals nahe standen und unterstützten. So hat er sich im Laufe seines Lebens Voltaire, Diderot, d'Alembert und die anderen ehemals befreundeten Enzyklopädisten ebenso zum Feind gemacht wie den englischen Philosophen David Hume, der ihn bei sich aufnahm, als er wegen seiner Schriften nach England fliehen musste.

Die große Entdeckung Rousseaus

Die meiste Zeit seines Lebens befand sich Rousseau auf Wanderschaft oder auf der Flucht. Mal wurde er von der Kirche, mal von Regierungen verschiedener Nationen gejagt. Aufgrund mehrerer Haftbefehle der Bürgerschaft von Genf und des Parlamentes von Frankreich floh er zwischenzeitlich zum aufgeklärten König Friedrich Wilhelm von Preußen und nahm die preußische Staatsbürgerschaft an.

Während seiner Wanderjahre schlug er sich als Musiklehrer, Dienstbote, Hauslehrer, Rechtsanwaltsgehilfe, Notenkopierer, Romancier, Philosoph, Theaterdramaturg und Opernschreiber durch, verdiente aber nie genug Geld, um einen eigenen Hausstand zu begründen. Dennoch – Rousseau war ein echter Tausendsassa: Mal schrieb er ein neues numerisches Notensystem, das sich allerdings nie durchsetzte, mal philosophische Bücher, die Furore machten, mal Romane; ein andermal Opern und Theaterstücke, die durchaus gespielt und wahrgenommen wurden.

Seine Mutter starb bei seiner Geburt. Sein Vater zog ihn alleine auf und machte ihn mit der Literatur vertraut, musste aber untertauchen, als er bei einer Auseinandersetzung einen Offizier mit dem Degen verletzt hatte. So kam Rousseau bereits als Zehnjähriger in die Obhut seines Schwagers und später seiner Tante in Genf. Dort begann er eine Uhrmacherlehre. Doch als er nach einem Sonntagsausflug zu später Stunde nach Genf zurückkehrte, ließ man ihn nicht mehr durch das Stadttor. Er wusste, dass ihm deshalb vom Uhrmacher heftige Prügel drohten. Der Sechzehnjährige zog es deshalb vor, Genf für immer den Rücken zu kehren und sich auf Wanderschaft zu begeben. Seinen Lebensunterhalt verdiente er notdürftig mit Gelegenheitsarbeiten. Da er bereits als Jungendlicher ein gutaussehender und geistreicher Unterhalter war, fand er auf verschiedenen Adelsgütern immer wieder Brot und Unterkunft. Auf dem Gut von Madame de Warens verliebte er sich in die achtundzwanzigjährige Hausherrin, die er wegen ihrer Fürsorglichkeit „Mama" nannte, selbst dann noch, als sie längst seine Geliebte geworden war. Aufgrund seiner baldigen Berühmtheit hatte er zeitlebens Wohltäter und Unterstützer, unter anderem Madame d'Épinay, mit der er ebenfalls eine mehrjährige Liebesbeziehung unterhielt. Die meiste Zeit seines Lebens verkehrte Rousseau an den Höfen adeliger Gönner, obwohl er in seinen Büchern stets die Gleichheit aller Bürger und die Abschaffung des Adels forderte.

Diese und andere Widersprüchlichkeiten waren fester Bestandteil seines Lebens. Zu seiner Ehrenrettung muss man allerdings sagen, dass er durchaus seine Prinzipien hatte. 1756 schrieb er eine Oper, deren Aufführung den König von Frankreich derart amüsierte, dass er ihm eine Leibrente in Aussicht stellte. Rousseau, obgleich mal wieder bettelarm, lehnte ab, um, wie er selbst sagte, weiter frei seine Meinung sagen zu können – auch über den König.

Die einzige Kontinuität in Rousseaus Leben war sein langjähriges Liebesverhältnis zur der Wäscherin Thérèse Le Vasseur, die er im Alter von sechsundfünfzig Jahren, also zehn Jahre vor seinem Tod, noch heiratete und mit der er bereits zuvor fünf Kinder hatte. Allerdings – auch das gehört zu Rousseaus widersprüchlichem Wesen – gab er alle seine Kinder in Waisenhäuser und in fremde Obhut. Dies ist insofern erstaunlich, als er ein viel beachtetes Werk zur Kindererziehung schrieb. Es hatte den Titel „Emile oder über die Erziehung" und wurde zu einem Meilenstein der Pädagogik. Als ihn sein damaliger Freund Voltaire wegen dieses Widerspruches zur Rede stellte, antwortete Rousseau schlicht, dass er als Schriftsteller weder genug Geld verdiene noch die Zeit habe, Kinder zu erziehen. Gerade weil er wisse, wie viel Zuwendung Kinder brauchten, könne er nicht verantworten, sie bei sich zu behalten. Seine Frau Thérèse hätte ebenfalls keine Zeit, da sie als Wäscherin für sich und ihn den Lebensunterhalt verdienen müsse.

Trotz dieser Begründung und der tatsächlich notorischen Geldnot Rousseaus bleibt es bizarr, dass sich ausgerechnet der Autor einer neuen bahnbrechenden Pädagogik der Erziehung seiner eigenen Kinder verweigerte. Aber Rousseau war eben kein Mann der Praxis; er war durch und durch ein Freigeist – ein kompromissloser und verwegener Denker.

Den alles entscheidenden Gedanken, der – nach seiner eigener Aussage – sein ganzes Leben für immer veränderte und den Kern seiner Philosophie ausmachte, hatte er gleich zu Beginn seiner Vagabundenjahre. Er befand sich auf dem Weg zu seinem Freund Diderot, der gerade mal wieder wegen seiner Enzyklopädie im Gefängnis von Vincenne einsaß. Im Gehen las er die Zeitung „Mercure de France" und fand darin zufällig ein Preisausschreiben der Akademie von Dijon. Die Zeitungsleser wurden aufgefordert, die folgende Preisfrage zu beantworten: „Geht mit dem Fortschritt der Wissenschaften und der Künste auch eine Verbesserung der Moral und der Sitten einher?". Natürlich erwartete und erhielt die Akademie viele Zuschriften, in denen die Frage mit einem klaren „Ja" beantwort wurde. Rousseau kam als einziger zum gegenteiligen Ergebnis. Als er über die Frage nachdachte, hatte er nämlich ein übernatürliches Erlebnis, eine Art Erleuchtung, die ihn fort-

Die große Entdeckung Rousseaus

an an jedem Fortschritt der Zivilisation zweifeln ließ. Dieses Erlebnis beschreibt er in einem Brief an einen Freund folgendermaßen:

> Auf einmal fühle ich, dass mein Geist von tausend Lichtern geblendet wird [...]. Ein heftiges Herzklopfen beklemmt mich, hebt meine Brust empor; da ich gehend nicht mehr atmen kann, lasse ich mich am Fuß eines Baumes am Wege hinsinken [...]. Ach, mein Herr, wenn ich jemals den vierten Teil alles dessen, was ich unter diesem Baume gesehen und empfunden habe, hätte niederschreiben können, mit welcher Deutlichkeit hätte ich alle Widersprüche des gesellschaftlichen Systems gezeigt, mit welcher Kraft hätte ich alle Missbräuche unserer Einrichtungen dargestellt, mit welcher Einfachheit hätte ich gezeigt, dass der Mensch von Natur gut ist, und dass es lediglich von ihren Einrichtungen herrührt, wenn die Menschen böse werden. [2]

Auch wenn Rousseau an dieser Stelle beklagt, dass er nur einen kleinen Teil seiner Eingebungen aufschreiben konnte, gelang es ihm doch, den Kerngedanken festzuhalten. Unsere Zivilisation – so Rousseau – führt nicht, wie alle glauben, von der Wildheit zur Zivilisation und von der Barbarei zu Gesetz und Moral, sondern umgekehrt von der ursprünglichen einfachen Schönheit zu Verfall und Dekadenz:

> [...] unsere Seelen sind in dem Maße verdorben, in dem unsere Wissenschaften und unsere Künste vollkommener geworden sind. [3]

Der Mensch, so schrieb er in seinem Aufsatz an die Akademie von Dijon, sei von Natur aus gut; böse würde er erst durch die Gesellschaft und die Zivilisation. Mit dieser provokativen These gewann er das Preisgeld. Sein Essay wurde als Buch gedruckt und er selbst mit einem Mal in ganz Europa berühmt.

Rousseaus Kerngedanke

Der edle Wilde

Nach diesem Anfangserfolg beteiligte sich der junge Rousseau gleich noch an einem zweiten Preisausschreiben. Diesmal beantwortete er die Frage: Welches ist der Ursprung der Ungleichheit unter den Menschen? Genau wie im ersten Aufsatz vertrat Rousseau wieder die kulturkritische These, dass die Ungleichheit lediglich eine Folge der Zivilisation sei. Ursprünglich, also zu Beginn der Menschheitsgeschichte, seien alle Menschen noch gleich gewesen und die Früchte der Erde hätten allen gemeinsam gehört.

Damals hätte es noch kein Eigentum gegeben, keine Paläste und Hütten und somit auch keine Reichen und Armen. Im Naturzustand, so Rousseau, zogen die Menschen als freie Jäger und Sammler durch die Urwälder und suchten nach Nahrung. Sie waren deshalb weder habsüchtig und geltungsbedürftig noch neidisch oder ehrgeizig. Sie lebten ausgeglichen, instinktsicher und mit stoischer Ruhe in den Tag hinein:

> Indem die Menschen sich nun von Jugend an gewöhnen, die unmäßigen Witterungen und strengen Jahreszeiten zu vertragen, indem sie sich zur Arbeit abhärten und gezwungen sind, nackt und ohne Waffen ihr Leben und ihren Raub wider die anderen wilden Tiere zu beschützen oder davonzulaufen, so beschaffen sie sich selbst ein unveränderliches Temperament. [4]

Durch die Jagd, das Wegrennen vor wilden Tieren, und das Leben unter freiem Himmel wurden die Urmenschen auch körperlich abgehärtet und erfreuten sich einer robusten Gesundheit und Schönheit. Im Gegensatz zu heute waren die Menschen im Naturzustand durchtrainiert, muskulös und kannten keine Wohlstandskrankheiten wie Übergewicht oder Kreislaufversagen. Die bessere Gesundheit des edlen Wilden könne man, so Rousseau, noch heute an den verbliebenen Indianerstämmen erkennen:

Rousseaus Kerngedanke

> Bedenkt man die gute Leibesbeschaffenheit der Wilden, wenigstens derer, die wir noch nicht durch unsere starken Getränke verdorben haben, erwägt man, dass sie fast von keiner anderen Krankheit wissen, als von Wunden und Alter, so wird man geneigt zu glauben, dass in der Geschichte der gesitteten Gesellschaften zugleich die Geschichte der menschlichen Krankheiten liegen müsste.⁵

Der edle Wilde war dem modernen Menschen nicht nur körperlich überlegen, sondern auch charakterlich. Die Wilden zogen nämlich noch als Einzelgänger durch die Wälder und machten sich über ihr Aussehen keinerlei Gedanken:

> Sie hatten nicht die mindeste Gemeinschaft unter sich, und wussten folglich weder von Eitelkeiten noch von Ansehen, weder von Hochachtung noch von Geringschätzung. Sie hatten nicht die mindeste Kenntnis von dem Mein und Dein [...].⁶

Die Einsamkeit bewahrte die Urmenschen also vor den Eitelkeiten des modernen Menschen. Dennoch verfügte auch der primitive Jäger und Sammler bereits über die Fähigkeit der Anteilnahme. Er ist zwar primär nur um den Erhalt seines eigenen Lebens bemüht und besitzt eine gesunde Eigenliebe, die sogenannte „amour de soi", aber er hat auf der anderen Seite auch ein natürliches Mitgefühl:

Der ihm angeborene Widerwille, seinesgleichen leiden zu sehen, mäßigt den Eifer für sein eigenes Wohlsein. [7]

Im Naturzustand besitzen die schönen Wilden nach Rousseau also bereits eine erste angeborene Tugend:

Rousseaus Kerngedanke

> Ich meine das Mitleid, eine Neigung, die sich [...] sehr wohl schickt. Sie ist eine allgemeine und dem Menschen ungemein nützliche Tugend, weil sie bei ihm vor aller Überlegung hereilt [...]. [8]

Die natürliche Balance zwischen Mitgefühl und Eigenliebe geht aber im Laufe des Zivilisationsprozesses mehr und mehr verloren. Denn das Leben in den Städten lässt die egoistische Selbstsucht, die sogenannte „amour propre" an die Stelle der „amour de soi", der gesunden Eigenliebe treten. Der edle Wilde ist nur um sein Überleben besorgt, der Bürger der Großstadt aber ist gerade dann, wenn er alles, was er zum Leben braucht, im Überfluss hat, am schlimmsten. Anders als der Wilde vergleicht er sich nämlich ständig mit den anderen und will mehr haben als diese. So wird er geldgierig, ehrsüchtig und neidisch.

Das Verhängnis der Ehe und der Sprache

Auch die Institution der Ehe kannten die Menschen im Naturzustand nicht. Wie sollten sie sich auch vor einem Altar ewige Treue schwören, wenn sie, so Rousseau, noch keine Wörter und keine Sprache kannten. Stattdessen herrschte freie Partnerwahl und sexuelle Promiskuität:

> Die Weiber und Männer vermischten sich, wie sie sich begegneten und sie Gelegenheit und Lust dazu hatten, und es ist ihnen eben keine Sprache nötig gewesen, um einander, was sie zu sagen hatten, zu verstehen zu geben: sie gingen ebenso leicht wieder auseinander. [9]

Da sich Mann und Frau, nachdem sie den Liebesakt vollzogen hatten, im Naturzustand schnell wieder trennten, stellt sich die Frage, wie die Kinder aufgezogen wurden. Rousseau geht davon aus, dass die Frauen dies ganz allein bewältigen konnten. Er verweist auf die große Unabhängigkeit, die „Indépendence", die den schönen Wilden auszeichnete. Längere Beziehungen waren eher unnatürlich, da die sexuelle Lust nicht so lange anhielt und die Urmenschen noch keinerlei Unterschied kannten zwischen Sex und Liebe, zwischen Affäre und Ehe:

Die Menschen hatten also nichts als das physische Gefühl der Liebe, und sie waren glücklich, dass sie von keinem Unterschied wussten [...].[10]

Rousseau widerspricht deshalb vehement der Theorie von John Locke, wonach es bei Mensch und Tier eine natürliche Neigung zur gemeinsamen Aufzucht der Kinder gebe, die solange anhalten würde, bis diese sich selbst ernähren konnten. Eine solche Neigung, so Rousseau, hätte sich im Naturzustand gar nicht entfalten können, da die Folgen des Sexualaktes erst

Monate später sichtbar wurden und die Paare bis dahin längst wieder eigene Wege gingen:

Ist die Lust gestillt, hat weder der Mann diese Frau noch die Frau diesen Mann mehr nötig [...]. Der eine geht dahin, der andere dorthin und es scheint nicht, dass sie sich in neun Monaten entsinnen werden, dass sie sich einst gekannt haben. [11]

Die eheliche Liebe ist für Rousseau also etwas Künstliches, eine Konstruktion der Zivilisation. Das, was wir heutzutage darunter verstehen, hält Rousseau für etwas Gemachtes, für eine geschickte und listenreiche Erfindung der Frauen, um die Männer zu kontrollieren und zu beherrschen:

Rousseaus Kerngedanke

> Man kann leicht sehen, dass das Moralische der Liebe eine gemachte Empfindung ist. [...] und die Weiber haben mit viel Geschicklichkeit und Sorgfalt darauf zu halten gewusst, wodurch sie ihre Herrschaft gegründet und einem Geschlechte die Regierung verschafft haben, das eigentlich Gehorsam leisten sollte. Bei keinem Wilden fand diese Empfindung statt [...]. [12]

Da der Wilde noch keine Schönheitsideale kannte, war die Partnerwahl auch keine Frage des Geschmacks und die Liebenden somit auch nicht besonders wählerisch:

> Der Wilde gehorcht allein dem Temperament, das er von der Natur aus empfangen hat, aber nicht dem Geschmack, den er erst hätte erlangen müssen. Eine jede Frau muss ihm gut genug sein. [13]

Durch eine Reihe von Naturkatastrophen und die Bevölkerungszunahme geschah es dann aber, dass sich die Wilden häufiger begegneten und sich schließlich in Gruppen zusammenschlossen. So kam es zur Entstehung der Sprache, der Nachdenklichkeit und damit auch der Philosophie. Rousseau sieht dies als einen Verfall, einen höchst bedauerlichen Instinktverlust im Vergleich zum Tier:

[...] so scheue ich mich nicht, zu behaupten, dass das Nachdenken ein widernatürlicher Zustand und ein Mensch, der sich in Betrachtungen vertieft, ein aus der Art geschlagenes Tier sei. [14]

Doch die Sozialisierung war nicht mehr aufzuhalten und führte schließlich dazu, dass der schöne Wilde aus den Wäldern heraustrat und mit anderen zusammen erste Siedlungen gründete.

Der Fluch der Sesshaftigkeit

Warum aber haben die Urmenschen sich zu Horden und Stämmen zusammengetan, wenn sie doch, wie Rousseau behauptet, im ursprünglichen Zustand als Einzelgänger viel glücklicher waren? Er gibt eine interessante Antwort: Der Mensch besitzt den natürlichen Trieb, sich zu vervollkommnen und zu perfektionieren. Deshalb versucht er, seinen Alltag komfortabler zu gestalten. Dieser Drang nach mehr Komfort trieb letztlich die Menschen aus den Wäldern in die Siedlungen. Da die Nächte in freier Natur oft kalt und regnerisch waren, suchten die Urbewohner Schutz in Höhlen und unter Bäumen. Irgendwann aber genügte ihnen das nicht mehr und sie wurden erfinderisch:

[...] sie fanden bald harte und schneidende Steine, deren sie sich bedienen konnten, um Holz abzubauen, die Erde umzugraben, sich Hütten aus Laubwerk aufzurichten, die man nachher

> anfing, mit Ton und Erde zu bekleben. Dieses war der Zeitpunkt einer ersten Revolution, durch welche die Einteilung in besondere Familien und eine Art Eigentum eingeführt worden ist. Daraus mag schon damals Zank und Streit genug entstanden sein. [15]

Kaum haben die edlen Wilden also den Wald verlassen und Behausungen gebaut, ging der erste Streit um die größte und schönste Hütte los. Der nächste Schritt in Richtung Zivilisation war die Einführung des Ackerbaus und der Viehzucht. Und wieder ist es nach Rousseau die Bequemlichkeit, die die Menschen verführte, den Naturzustand zu verlassen. Mussten sie bis zu diesem Zeitpunkt als Jäger und Sammler in den Wäldern den Tieren hinterher jagen und nach wilden Früchten suchen, züchteten sie nun das Vieh in Koppeln und pflanzten die Früchte direkt vor der Haustüre an. Doch diese Bequemlichkeit hatte einen hohen Preis, denn, so Rousseau:

Rousseaus Kerngedanke

Große, weit ausgedehnte Wälder wurden in lachende Felder verwandelt, die der Landmann mit seinem Schweiße befeuchten musste und darauf man Elend und Sklaverei zugleich mit der Ernte aufkommen sah. [16]

Zwar war es verlässlicher, Felder zu bebauen und Vorräte anzulegen, als auf das Jagdglück zu hoffen, doch brachte die Landwirtschaft auch regelmäßige Arbeit mit sich. Ab jetzt wohnten die Menschen in Bauernhöfen und Dörfern zusammen. Es gab besitzende Bauern und besitzlose Landarbeiter. Die natürliche Freiheit und die Gleichheit unter den Menschen wurden zerstört. Es gab auf einmal angesehene und weniger angesehene Menschen.

Im Naturzustand war eine solche Rangordnung noch unmöglich, da die Jäger und Sammler allein und nackt durch die Wälder streiften. Das Wissen von „Mein und Dein", also das Bewusstsein, etwas zu besitzen oder ein Habenichts zu sein, entfaltete sich nach Rousseau erst mit dem Ackerbau.

Das Leben außerhalb seiner selbst

Die Sesshaftigkeit brachte noch ein weiteres Problem mit sich. Die Menschen wohnten jetzt eng beisammen, traten miteinander in Kontakt und feierten gemeinsame Feste. Aber gerade das hatte laut Rousseau fatale Folgen:

> Man fing an, sich vor den Hütten oder um einen großen Baum zu versammeln. [...] Ein jeder bemerkte alle anderen und hatte Lust, wiederum von ihnen bemerkt zu werden. Die öffentliche Hochachtung erlangte einen Wert. Wer am besten singen, wer am besten tanzen konnte, der Schönste, der Stärkste, der Geschickteste oder der Beredteste wurde am meisten bemerkt. Dieses war der erste Schritt zur Ungleichheit und zugleich der erste Schritt zum Laster. [17]

Durch Gesang, Sprache und Denken entstanden Redewendungen, Floskeln und Umgangsformen. Auf einmal begannen die Menschen „danke" und „bitte" zu sagen, sich mit Titeln anzusprechen, was dem edlen Wilden völlig fremd gewesen wäre. Nach und

Rousseaus Kerngedanke

nach verfeinerten sich die Umgangsformen und es entstand die Höflichkeit, die Etikette, also das sogenannte gute Benehmen. Dem edlen Wilden konnte man Wut und Freude noch am Gesicht ansehen. Wenn sich zwei Urmenschen begegneten, erkannte jeder sofort, ob der andere gerade aggressiv, entspannt oder verängstigt war. Alles war spontan und ungeniert. Jeder war Eigenbrötler und folgte nur seinem eigenen Temperament. Doch, so Rousseau, diese wunderbare Einzigartigkeit der Menschen ist durch die Kultur völlig verloren gegangen:

> Heutzutage [...] herrscht in unseren Sitten eine niedrige und betrügerische Einförmigkeit, und alle Gemüter scheinen nach einem Muster gebildet zu sein: immer fordert die Höflichkeit und gebietet der Anstand, immer folgt man angenommenen Gebräuchen und niemals seinem eigenen Sinne. [18]

Die totale Anpassung der Menschen an die Konventionen führt zu einem wachsenden Identitätsverlust. Die Menschen verstellen sich mehr und mehr und vermuten diese Verstellung mit Recht auch beim anderen:

> Man wagt sich nicht mehr zu zeigen, wie man ist. Und unter diesem beständigen Zwang handeln alle Menschen [...]. Man weiß also niemals recht, mit wem man es zu tun hat [...]. [19]

Da ein jeder in den Augen der anderen gut da stehen will, verhält er sich nur noch so, wie er glaubt, dass er den anderen am meisten gefallen kann:

> Der wilde Mensch lebt in sich, der gesellige hingegen ist immer außer sich und lebt nur in der Meinung, die andere von ihm haben. Selbst die Empfindung seines Daseins nimmt er nur aus ihrem Urteil. [20]

Die Ausrichtung auf die Anderen bringt ihm zwar manchmal Beifall und Bewunderung, er bezahlt aber sein Rollenverhalten mit dem Verlust der Natürlichkeit.

Die Eigentumslüge

Die Landnahme durch die ersten Bauern geißelt Rousseau als den verhängnisvollsten Augenblick der Menschheitsgeschichte. Seine Beschreibung der Entstehung des Eigentums wird bis heute viel zitiert:

> Der erste, welcher ein Stück Landes umzäunte, sich in den Sinn kommen ließ, zu sagen: dieses ist mein und einfältige Leute antraf, die es ihm glaubten, der war der wahre Stifter der bürgerlichen Gesellschaft. Wieviel Laster, wieviel Krieg, wieviel Mord, Elend und Gräuel hätte einer

nicht verhüten können, der die Pfähle ausgerissen, den Graben verschüttet und seinen Mitmenschen zugerufen hätte: "Glaubt diesem Betrüger nicht; ihr seid verloren, wenn ihr vergesst, dass die Früchte euch allen, der Boden aber niemandem gehört." [21]

Denn die Entstehung des Eigentums spaltete die Menschheit in Klassen, in Arme und Reiche, Besitzer und Habenichtse. Das Eigentum offenbart sich als die Hauptursache der modernen Laster. Mit ihm kamen Neid, Missgunst und Scham auf Seiten der Armen in die Welt, Habgier, Ehrsucht und Verachtung auf Seiten der Reichen. Jeder wollte das größte Haus, den schönsten Landsitz, die meisten Manufakturen und Fabriken haben. Es begann ein Wettbewerb um Güter und Ansehen, der keine Grenzen kannte. Seit es Eigentum gibt, so Rousseau, versuchten alle, „ihr Glück auf Kosten anderer" zu machen. Im Naturzustand konnte es all das nicht geben, da der edle Wilde Reichtum weder kannte noch begehrte:

> Seine Begierden gehen nicht weiter als seine physischen Bedürfnisse. Nahrung, Frau und Schlaf sind alle Güter, die er in der Welt kennt, und alle Übel, die er fürchtet, sind Schmerz und Hunger. [22]

Mit der Einführung des Eigentums begann für einige wenige Menschen der Luxus, für viele aber die lebenslange Unterdrückung.

Der Staat als Instrument der Unterdrückung der Besitzlosen

Die Grundbesitzer, denen es gelungen war, ein Stück Land einzuzäunen, hatten aber erst einmal keine wirkliche Freude an ihrem Besitz. Sie mussten nämlich jederzeit fürchten, dass ein Stärkerer des Weges kam, ihnen die Ernte wieder abjagte oder sie sogar von ihrem Besitz vertrieb. Die Kämpfe der frühen Siedler und Viehzüchter um das fruchtbare Weide- und Ackerland waren nach Rousseau äußerst gewalttätig und man musste jederzeit kampfbereit sein:

Das Recht des Stärkeren war mit dem Recht des ersten Besitzers in beständigem Streit, der sich niemals anders als durch Mord und Schlägerei endigte. [23]

Und selbst ein von Natur aus körperlich starker Grundbesitzer, der zudem geschickt mit Waffen umgehen konnte, war keineswegs sicher. Denn die um-

Rousseaus Kerngedanke

herziehenden Notleidenden und Hungernden taten sich bisweilen zusammen:

Der Reiche war jetzt in bedenklichen Umständen. Er war allein gegen viele [...].²⁴

Um die ständige Unsicherheit zu beenden, versuchten die Reichen Staaten zu gründen, in denen sie nicht mehr persönlich mit Knüppel und Gewehr ihr Grundstück verteidigen mussten, sondern Polizisten diese gefährliche Arbeit für sie übernahmen. An die Stelle des Naturrechts, des Rechts des Stärkeren setzte der Reiche ein neues künstliches Recht, das seinem Schutzbedürfnis entsprach. Der Staat mit seinen Gesetzen und Richtern war für ihn ein idealer Schutzschild, sich die Armen vom Leibe zu halten. Um die Armen zu einer Staatengründung zu überreden, musste der Reiche natürlich viele Tricks und Überredungskünste anwenden:

Er wird ihnen Scheingründe genug eingebildet haben, um sie nach seinem Zweck zu lenken. „Wir wollen uns vereinigen" mag er zu ihnen gesagt haben, „wir wollen die Schwächeren vor Unterdrückung bewahren [...]. Kurz, statt unsere Kräfte zu unserem Verderben anzuwenden, wollen wir sie lieber in eine einzige obere Gewalt versammeln, die uns nach weisen Gesetzen regieren, alle Glieder der Gesellschaft beschützen [...] und uns in einer unveränderlichen Eintracht erhalten soll". [25]

Da die Menschen in der Zeit der Staatengründungen noch sehr naiv waren, glaubten sie den Versprechungen der Reichen und stimmten zu. Es entstanden eine Reihe größerer und kleinerer Staaten. Damit, so Rousseau, war die Landnahme legalisiert und die Armen ein für alle Mal enteignet:

> Die Gesetze und die Gesellschaften [...] hielten die Armen noch fester im Zaume und den Reichen legten sie neue Kräfte bei, richteten unsere natürliche Freiheit ohne Rettung zu Grunde, setzten das Gesetz des Eigentums und der Ungleichheit auf ewig fest, verwandelten eine geschickte Usurpation in ein unwiderrufliches Recht. [26]

An dieser Stelle wird noch einmal deutlich, dass Rousseau das Eigentum für eine Usurpation, also für eine gewaltsame betrügerische Aneignung hält. Da die Erde von Natur aus allen gehört, ist jede Landnahme Unrecht.

Mit den Staatengründungen und der Einsetzung von Polizeibeamten, Richtern und Gefängniswärtern war es vorbei mit der ursprünglichen Freiheit und Gleichheit. Die Zivilisation hat den edlen Wilden nach und nach durch Sesshaftigkeit, Ackerbau, Eigentum, Sprache, Ehe und Staat versklavt. Dabei haben alle Menschen charakterlich Schaden genommen, auch die Reichen. Selbst diejenigen, die an der Spitze des Staates stehen und hohes Ansehen genießen, sind nach Rousseau nur bedauernswerte Exemplare einer degenerierten Spezies. So vergleicht er den Alltag eines dicken Ministers, der mit Perücke und Frack schwitzend an seinem Schreibtisch sitzt, mit einem muskulösen Kariben im Lendenschurz, der gerade auf eine Palme klettert und sich eine Kokosnuss pflückt:

> Was für ein Schauspiel für einen Kariben, wenn er die mühsame und von anderen beneidete Arbeit eines europäischen Staatsministers sehen könnte. Wie viel mal wird dieser träge Wilde nicht eines grausamen Todes sterben, als ein so gräuliches Leben führen wollen [...]. 27

Rousseaus Kerngedanke

Ebenso verschieden wie die äußere Erscheinung des Wilden und des Ministers ist auch ihre Mentalität:

Jener sehnt sich nur nach Ruhe und Freiheit [...]. Der immer tätige Bürger hingegen schwitzt, arbeitet und quält sich unaufhörlich, um sich noch mühsamere Beschäftigungen zu verschaffen. Er arbeitet sich tot, um leben zu können [...].[28]

Zurück zur Natur?

Rousseaus philosophischer Kerngedanke ist damit ausgesprochen. Der Mensch wird erst durch die Zivilisation böse. Von Natur aus ist er gesund, instinktsicher und moralisch:

> Lasst uns daher schließen, dass der wilde Mensch, der in Wäldern herumirrt [...] ohne Sprache, ohne Wohnhaus, ohne Krieg und ohne Verbindung, ohne seinesgleichen zu bedürfen, und ohne Begierde, ihnen Übles zuzufügen [...] nichts anderes als seine wahren Bedürfnisse fühlt [...]. [29]

Im Gegensatz zum edlen Wilden ist der selbstsüchtige „Bourgeois" unfähig, seine wahren Bedürfnisse überhaupt noch zu erkennen. Das von Rousseau verwendete Wort „Bourgeois" heißt übersetzt „Bürger", hat aber im Französischen im Unterschied zu „Citoyen", das ebenfalls Bürger heißt, einen üblen Beigeschmack. Der Bourgeois ruht nicht mehr in sich, sondern lebt in den Augen der Anderen, kämpft ein

Rousseaus Kerngedanke

Leben lang hektisch um Geld, Ehre und Macht.

Rousseaus Fazit lautet also: Die Gattung Mensch befindet sich seit Jahrhunderten auf einem Irrweg. Als Voltaire diese Ausführungen gelesen hatte, schrieb er Rousseau folgenden Brief: „Ich habe, mein Herr, Ihr neues Buch gegen die menschliche Gattung erhalten [...]. Noch nie hat jemand soviel Geist darauf verwendet, uns zu Tieren zu machen, wie Sie; wenn man Ihr Buch liest, bekommt man Lust, wieder auf allen Vieren herumzulaufen." [30]

Rousseau reagierte erbost auf die spöttische Herabwürdigung seiner Theorie. Er zerstritt sich mit Voltaire und schrieb diesem am Ende die unversöhnlichen Zeilen:

Ich liebe Sie nicht, mein Herr [...] ich hasse Sie, Sie haben es ja so gewollt. [31]

Voltaire brach daraufhin jeden Kontakt ab und beschwerte sich in einem Brief an d'Alembert, dass Rousseau „völlig wahnsinnig" geworden sei. Doch

Rousseaus Ärger über Voltaires spöttische Zeilen ist durchaus verständlich. Voltaires Vorwurf, dass Rousseau mit seiner Zivilisationskritik „Lust mache, wieder auf allen Vieren zu gehen", war natürlich eine bewusste Fehlinterpretation. Rousseau war selbstverständlich nicht so naiv, zu glauben, dass die Menschheit wieder in den Naturzustand zurückkehren könnte. Er wusste sehr wohl, dass das unmöglich war, wie er selbst unmissverständlich klarstellt:

> Wie aber? Wird man die Gesellschaft zerstören, das Mein und Dein aufheben und wieder in die Wälder zurückkehren müssen, um dort mit den Bären zusammenleben? Dies ist eine Forderung, die vielleicht meine Gegner werden ziehen wollen. Ich will ihr ebenso gern zuvorkommen wie ihnen die Schande lassen, diese gezogen zu haben. [32]

Im Folgenden führt Rousseau aus, dass es unmöglich ist, wieder „von Kräutern und Eicheln zu leben". Es gehe vielmehr darum, innerhalb der zivilisierten

Rousseaus Kerngedanke

Gesellschaft mit Tugend und Herz der modernen Rastlosigkeit zu entsagen und sich innerlich auf seine Natur zu besinnen. Tatsächlich hat Rousseau den berühmten Satz „Zurück zur Natur!", der ihm immer wieder zugeschrieben wird, niemals ausgesprochen oder geschrieben. Denn er wusste zu genau, dass es kein Zurück gibt. Auch war seine Hypothese vom edlen Wilden und seinem unverdorbenen Charakter im Naturzustand keine historische Behauptung, sondern eine hypothetische Konstruktion. So räumt Rousseau selbst ein, dass es sich bei seinen Überlegungen zum Naturzustand mehr um ein Argumentationsmodell als um eine Tatsache handle:

> Man muss die Untersuchungen, die dazu nötig sind, nicht als historische Wahrheiten, sondern wie es die Naturkundigen zu machen pflegen, wenn sie von dem Ursprung der Welt handeln wollen, als bedingte und hypothetische Vernunftschlüsse betrachten, die mehr die Natur der Dinge beleuchten als ihren wahren Ursprung zeigen. [33]

Es geht Rousseau also nicht darum, dass die Entwicklung der Menschheit genau so stattgefunden hat, wie er es beschrieben hat, sondern darum, zu zeigen, dass die moderne Welt keineswegs die beste aller möglichen Welten ist und dass nicht jeder sogenannte zivilisatorische Fortschritt auch einen wirklichen Fortschritt darstellt. Mit der Hilfskonstruktion des Naturzustandes verschafft sich Rousseau eine Plattform, von der aus er die Schwächen der Zivilisation benennen und kritisieren kann:

> Die Menschen sind böse. [...] Ich habe aber, wie ich glaube, erwiesen, dass der Mensch von Natur aus gut ist [...]. Man bewundere die menschliche Gesellschaft, soviel man will, es wird dennoch immer wahr bleiben, dass sie schuld ist, dass die Menschen einander immer mehr hassen in dem Maße wie ihre Interessen zunehmen [...]. [34]

Wie aber geht es nun weiter? Was können wir tun? Der Weg zurück ist offenbar unmöglich. Gibt es einen Ausweg oder wird die Menschheit immer verdorbener? Auch Rousseau stellte sich diese schwierige Frage: Kann man in einer modernen Gesellschaft leben und gleichzeitig die natürliche Freiheit und Unabhängigkeit des Naturzustandes bewahren? Rousseau gibt eine faszinierende Antwort in dem viel diskutierten Buch „Vom Gesellschaftsvertrag".

Der Gesellschaftsvertrag als Lösung

Dieses Buch beginnt genau da, wo die Abhandlung über die Ungleichheit endet, nämlich mit der Beschreibung der Widersprüchlichkeit unserer Welt:

Der Mensch ist frei geboren und überall liegt er in Ketten. [35]

Eine gerechte Gesellschaft darf aber, so Rousseau, niemals auf Gewalt und Unterdrückung der Besitzlosen aufbauen, sondern muss die Freiheit ihrer Mitglieder achten. Wie aber kann der Mensch seinen von Natur aus guten Charakter, seine Freiheit und Unabhängigkeit bewahren, wenn er nicht mehr als Einzelgänger in den Wäldern lebt, sondern mit anderen zusammen in Gesellschaft? Muss er Kompromisse machen? Rousseau formulierte die Suche nach der idealen Gesellschaft folgendermaßen:

Finde eine Form des Zusammenschlusses, die mit ihrer ganzen gemeinsamen Kraft die Person und das Vermögen jedes einzelnen Mitglieds verteidigt und schützt und durch die doch jeder, indem er sich mit allen vereinigt, nur sich selbst gehorcht und genauso frei bleibt wie zuvor. [36]

Aber wie kann ein solcher Zusammenschluss aussehen? Wenn der Mensch seine Unabhängigkeit und Freiheit aus dem Naturzustand behalten will, darf er sich auf keinen Fall Gesetzen und Richtern unterordnen. Denn seine Freiheit ist ja wesentlicher Bestandteil seiner Menschlichkeit und darf nicht angetastet werden. Ein Verzicht auf die eigene Selbstbestimmung zu Gunsten einer Staatsregierung, eines Königs oder eines Parlamentes kommt prinzipiell nicht in Frage. Das stellt Rousseau noch einmal klar:

> Auf seine Freiheit verzichten heißt auf seine Eigenschaft als Mensch, auf seine Menschenrechte [...] verzichten. [37]

Um einen Staat zu gründen, muss aber jeder Bürger seine freie Selbstbestimmung aufgeben. Denn innerhalb der Gesellschaft kann man unmöglich nur seinen spontanen Instinkten folgen und das tun, was einem gerade beliebt. Man darf beispielsweise keine Selbstjustiz üben und muss sich auch sonst an alle möglichen Vorschriften und Gesetze halten. Das wusste Rousseau und dachte nach, wie er diesen Widerspruch lösen könnte. Er musste einen Staat konstruieren, der beides sicherstellt, zum einen die völlige Freiheit des Einzelnen, zum anderen das friedliche Zusammenleben.

Seine Lösung ist ebenso verblüffend wie radikal. Es kann, so Rousseau, nur eine einzige Staatsform geben, die beide Ansprüche befriedigt – und das ist die direkte Demokratie. Jeder einzelne Bürger muss, wenn er sich in einer Gesellschaft mit anderen zusammenschließt, wie im Naturzustand Herrscher über sich selbst bleiben und frei über sein Schicksal entscheiden. In der idealen Gesellschaft darf es also keine Herrscher und Beherrschten geben, sondern nur noch freie Bürger, die sich selbst regieren. Ein König, Fürst oder Diktator kommt nicht in Frage. Auch keine Parteien, Abgeordneten und Regierungen. Allein die Versammlung aller Bürger, also das Volk selbst darf berechtigt sein, Gesetze zu erlassen, die dann für alle verbindlich sind. Alles andere, so Rousseau, wäre Fremdbestimmung:

Jedes Gesetz, das das Volk nicht selbst beschlossen hat, ist nichtig; [38]

Rousseaus Kerngedanke

Der Bürger unterwirft sich somit nur denjenigen Gesetzen, die er selbst aus freien Stücken gemacht hat. Als Souverän und Untertan zugleich folgt er nur sich selbst und bleibt somit frei. Rousseaus bringt seine Lösung des Freiheitsproblems auf die kurze prägnante Formel:

[...] Gehorsam gegen das selbst gegebene Gesetz ist Freiheit. [39]

Allerdings muss auch Rousseau einräumen, dass sich die Freiheit des Bürgers im Staat durchaus von der absoluten Freiheit des edlen Wilden im Naturzustand unterscheidet. Der Einzelne kann sich nämlich innerhalb der Gesellschaft nicht mehr alles aneignen, was ihm gefällt:

> Was der Mensch durch den Gesellschaftsvertrag verliert, ist seine natürliche Freiheit und ein unbegrenztes Recht auf alles, wonach ihn gelüstet und was er erreichen kann; was er erhält ist die bürgerliche Freiheit und das Eigentum an allem, was er besitzt. [40]

Diese Aussage ist insofern interessant, als Rousseau an dieser Stelle eindeutig zugesteht, dass es auch im Idealsstaat ein Recht auf Eigentum gibt. Der Bürger darf behalten, was er besitzt. Dies steht im Widerspruch zu Rousseaus früherer These, dass Eigentum prinzipiell unerlaubte Aneignung ist. Wohl auch deshalb erläutert Rousseau in diesem Zusammenhang, dass dem Besitz enge Grenzen gesetzt werden müssen und der Gesellschaftsvertrag, der überhaupt erst das Eigentum sichert, vom Eigentümer implizit auch eine besondere Verpflichtung gegenüber der Allgemeinheit verlangt.

Der Gesellschaftsvertrag ist somit die Lösung für das große Problem der natürlichen Freiheit des Individu-

Rousseaus Kerngedanke

ums auf der einen Seite und der Unterordnung unter die Gesetze auf der anderen. Indem der Mensch Souverän und Untertan zugleich ist, muss er niemanden gehorchen außer sich selbst. Seine Freiheit bleibt erhalten. In großen Versammlungen treffen sich alle Bürger, die sich im Gesellschaftsvertrag zu einem Staat zusammengeschlossen haben, und entscheiden gemeinsam über alle Gesetze, die sie sich geben wollen. Damit dies funktionieren kann, sollten die Staaten idealerweise sehr klein sein. Rousseau weist ferner darauf hin, dass die Volksversammlungen für alle Bürger leicht erreichbar sein müssen und entsprechend häufig abzuhalten sind:

Neben außerordentlichen Vollversammlungen, die durch unvorhersehbare Fälle notwendig werden können, bedarf es fester und regelmäßig wiederkehrender Versammlungen, die durch nichts aufgehoben oder verschoben werden können[...].[41]

Als Vorbild für seinen Idealsstaat dienten Rousseau Volksabstimmungen in der Schweiz oder in den griechischen Stadtstaaten. Im Unterschied aber zur antiken Polis sollten die Bürger des „Gesellschaftsvertrages" keine Staatsmänner wie Perikles wählen, die dann in Stellvertretung die Regierungsgeschäfte übernehmen, sondern allein selbst entscheiden. Auch Abgeordnete und politische Parteien hält Rousseau für gefährlich, da sie oft nur die Interessen einer bestimmten Wählergruppe und nicht das Allgemeinwohl im Auge haben.

Ich behaupte deshalb, dass die Souveränität, da sie nichts anderes ist als die Ausübung des Gemeinwillens, niemals veräußert werden kann [...]. [42]

Damit lehnt Rousseau auch unsere heutige parlamentarische Demokratie ab. Nur wenn die Bürger selbst die für sie geltenden Gesetze erlassen, bleiben sie frei. Solange nämlich die Abstimmungen über Gesetze einstimmig ausfallen, unterwirft sich jeder

Mann nur dem von ihm selbst mitgetragenen Gesetz. Doch was passiert, wenn bei einer Abstimmung ein Mann von den anderen überstimmt wird?

> Man fragt sich aber, wie ein Mann frei sein kann und gezwungen, sich Willen zu unterwerfen, die nicht die seinen sind. Wie können Andersdenkende zugleich frei und Gesetzen unterworfen sein, denen sie nicht zugestimmt haben? 43

Um diese Frage zu beantworten, verfeinert Rousseau das demokratische Abstimmungsmodell um einen wesentlichen Punkt. In den Volksabstimmungen darf nicht einfach nur die Mehrheit ihre Interessen gegen die Minderheit durchsetzen. Es müsse bereits vor der Abstimmung bei allen beteiligten Bürgern an die Stelle des Einzelinteresses das Gemeininteresse treten. Damit sind wir beim Kern von Rousseaus Demokratiemodell, seiner Forderung nach der Verwirklichung des Gemeinwillens, der „Volonté Generale".

Der Gemeinwille und der Wille der Vielen

Bei einer wirklich guten demokratischen Abstimmung müssen alle Bürger ihre egoistischen Sonderinteressen völlig hintanstellen und nur im Hinblick auf das Wohl der gesamten Gemeinschaft entscheiden. Wenn nämlich jeder Einzelne bei der Abstimmung über ein Gesetz nur seinen eigenen Nutzen verfolgt, ergibt das Abstimmungsergebnis am Ende nur die Summe der Einzelwillen, also den „Willen der Vielen". Rousseau nennt dies verächtlich „Volonté des tous". Der „Wille der Vielen" kommt dann zu Stande, wenn der „Bourgeois", also der charakterlich verdorbene Bürger, egoistisch abstimmt. Stattdessen sollte im idealen Staat jeder einzelne als sozial denkender „Citoyen" abstimmen, das heißt das unterstützen, wovon er glaubt, dass es für die Allgemeinheit das Beste ist. Daraus ergibt sich dann der sogenannte „Gemeinwille" oder die „Volonté Générale".

Wenn beispielsweise über ein Gesetz zur Erhöhung des Mindestlohnes für Friseure abgestimmt wird, dann würde der egoistische „Bourgeois" dagegen stimmen, da er fürchtet, dass das Haareschneiden für ihn persönlich teurer werden könnte. Der „Citoyen" hingegen würde im Sinne der „Volonté Générale" den Friseuren einen höheren Lohn zugestehen, da er den sozialen Frieden der Gesamtgesellschaft im Auge hat und zu große Einkommensunterschiede vermindern will.

Natürlich wusste auch Rousseau, dass es schwierig ist, von den Bürgen zu verlangen, bei allen Entscheidungen das Allgemeininteresse über das eigene Sonderinteresse zu stellen. Wenn in der Volksversammlung beispielsweise der Bau einer neuen Müllhalde vor der Stadt vorgeschlagen wird, ein Mann aber genau dort wohnt, wird er sich schwer tun, im Sinne des Allgemeininteresses für die stinkende Müllhalde zu stimmen:

> In der Tat kann jedes Individuum als Mensch einen Sonderwillen haben, der dem Gemeinwillen, den er als Bürger hat, zuwiderläuft oder sich von diesem unterscheidet. Sein Sonderinteresse kann ihm ganz anderes sagen als das Gemeininteresse. [44]

In so einem Fall, so Rousseau, könnte die Versammlung der Bürger einen anderen Platz für die Müllhalde suchen oder dem Betroffenen eine Entschädigung zahlen. Ist aber beides aus irgendwelchen Gründen nicht möglich, muss sich der Überstimmte dennoch an das Gesetz halten:

> Damit nun aber der Gesellschaftsvertrag keine Leerformel sei, schließt er stillschweigend jene Übereinkunft ein, die allein die anderen ermächtigt, dass wer immer sich weigert, dem Gemeinwillen zu folgen, von der gesamten Körperschaft dazu gezwungen wird, was nichts anderes heißt, als dass man ihn zwingt, frei zu sein. [45]

Je wichtiger ein Gesetz ist, um so mehr muss die Versammlung der Bürger laut Rousseau versuchen, eine einstimmige Entscheidung zu Stande zu bringen. Im Notfall aber, also wenn die Zeit drängt, oder keine Einstimmigkeit zu erzielen ist, muss auch eine Mehrheitsentscheidung als „Volonté Générale" von allen akzeptiert werden, denn, so Rousseau:

Rousseaus Kerngedanke

> Wenn man in der Volksversammlung ein Gesetz einbringt, fragt man genaugenommen nicht danach, ob die Bürger die Vorlage annehmen oder ablehnen, sondern ob diese ihrem Gemeinwillen entspricht oder nicht; jeder gibt mit seiner Stimme seine Meinung darüber ab, und aus der Auszählung der Stimmen geht die Kundgebung des Gemeinwillens hervor. Wenn also die meiner Meinung entgegengesetzte siegt, beweist dies nichts anderes, als dass ich mich getäuscht habe und dass das, was ich für den Gemeinwillen hielt, es nicht war. [46]

Jeder Bürger muss also im Sinne des Allgemeinwohls abstimmen und das Ergebnis akzeptieren. Der Gemeinwille ist somit unfehlbar und die höchste legislative und moralische Instanz der Gesellschaft. Deshalb darf auch kein Bürger seine religiöse Überzeugung über die Gesetze stellen. Rousseau tritt für religiöse Toleranz ein, wonach jeder seinen Glauben frei wählen und praktizieren darf. Allerdings muss er auch die Andersgläubigen und insbesondere den Staat respektieren. Gegen religiöse Fundamentalisten schlägt er strenge Maßnahmen vor:

Wer aber zu sagen wagt, "Es gibt kein Heil außerhalb der Kirche" muss aus dem Staat ausgestoßen werden [...].⁴⁷

Auch gegen egoistische Bürger, die sich nicht an die demokratischen Gesetze der Volksversammlung halten oder diese bewusst brechen, muss hart vorgegangen werden:

Rousseaus Kerngedanke

> Im übrigen wird jeder Missetäter, der das gesellschaftliche Recht angreift [...] zum Verräter am Vaterland; dadurch, dass er das Gesetz verletzt, hört er auf ein Glied zu sein. [...] Da er sich als solches bekannt hatte, zumindest durch seinen Aufenthalt, muss er aus dem Staat ausgeschlossen werden, durch Verbannung als Vertragsbrüchiger oder durch den Tod als Staatsfeind; [48]

Dieses von Rousseau empfohlene radikale Vorgehen gegen Bürger, die ihr individuelles Wohlergehen über den Gemeinwillen stellen, und seine These, dass die „Volonté Générale" unfehlbar sei, haben die Frage aufgeworfen, ob sein Gesellschaftsvertrag nicht auch totalitäre Elemente enthält.

Rousseaus Buch mit dem Titel „Du contrat social ou principes du droit politiques" wurde schon von seinen Zeitgenossen in ganz Europa kontrovers diskutiert. Zu den begeisterten Lesern von Rousseaus Staatskonstruktion zählten so große Denker wie Goethe, Schiller, Kant, Fichte, Hegel und Schelling, aber auch viele unbekannte junge Bewunderer wie der schüchterne und puritanisch lebende Jurastudent Maximilien de Robespierre. Dieser besuchte den betagten Rousseau noch kurz vor seinem Tod und schwor nach langen intensiven Gesprächen mit glühender Begeisterung, Rousseaus Ideale in die Tat umzusetzen. Tatsächlich wurde Robespierre während der Wirren der Französischen Revolution Abgeordneter in der Nationalversammlung und schließlich Vorsitzender des Wohlfahrtsausschusses. Damit war der vormals introvertierte Jurastudent plötzlich der mächtigste Mann Frankreichs. Er führte die Gruppe der Jakobiner an. Als Symbol ihrer radikalen revolutionären Gesinnung trug diese Gruppe von Abgeordneten sogenannte Jakobinerhüte, die angeblich bereits bei antiken Sklavenaufständen Verwendung fanden. Der als sittenstreng gefürchtete Robespierre errichtete bald eine Terrorherrschaft. Als glühender Anhänger Rousseaus verstieg er sich auf die Verfolgung aller Franzosen, die seiner persönlichen Meinung nach Gegner des „Allgemeinwillens" waren. Er verbannte sie außer Landes und schickte sie in großer Zahl auf die Guillotine. Dabei berief er sich auf das von Rousseau begründete Zwangsrecht gegenüber Staatsfeinden. Am Ende wurde er selbst hingerichtet.

Rousseaus Kerngedanke

Auch wegen dieser historischen Entwicklung wird in der Politikwissenschaft bis heute heftig diskutiert, ob Rousseaus These, dass der Staat den einzelnen Bürger notfalls auch mit Härte zur Einhaltung der „Volonté Générale" zwingen darf, nicht dem Totalitarismus in die Hände spielt. Tatsächlich empfiehlt Rousseau, Vaterlandsverräter und Bürger, die Sonderinteressen nachgehen, hart zu bestrafen:

Er kann ihn nicht als Gottlosen verbannen, sondern als einen, der sich dem Miteinander widersetzt und unfähig ist, die Gesetze und die Gerechtigkeit ernstlich zu lieben und sein Leben im Notfall der Pflicht zu opfern. [49]

Ist diese geforderte Opferbereitschaft und Unterordnung unter den Gemeinwillen ein erster Schritt zur Diktatur oder nur eine notwendige Maßnahme, um die Demokratie vor ihren inneren Feinden zu schützen?

Die Frage ist schwer zu beantworten. Einerseits hat Rousseau dem Totalitarismusvorwurf selbst Vorschub geleistet, indem er für Staatsfeinde sogar die Todesstrafe vorsah; andererseits betonte er immer wieder, dass sich der Gemeinwille nur aus regelmäßigen und häufigen Abstimmungen des gesamten Volkes ergibt und keinesfalls aus dem persönlichen Gutdünken einzelner verblendeter Mandatsträger, wie beispielsweise Robespierre einer war:

> Wenn daher das Volk einfach verspricht, zu gehorchen, löst es sich durch diesen Akt auf und verliert seine Eigenschaft als Volk; in dem Augenblick, indem es einen Herrn gibt, gibt es keinen Souverän mehr, und von da an ist der politische Körper zerstört. [50]

Rousseau war also zweifellos ein entschiedener Gegner jeder Diktatur und hätte sicher auch die Terrorherrschaft von Robespierre als undemokratisch und verbrecherisch abgelehnt. Allerdings erscheint sein Wunsch, dass die Bürger bei Abstimmungen jenseits der eigenen Interessen immer das Allgemeinwohl verfolgen sollen, aus heutiger Sicht tatsächlich einen gewissen utopischen Charakter zu haben. Arbeitnehmer und Arbeitgeber unterscheiden sich nun mal in ihren Interessen. Moderne Kritiker werfen Rousseau deshalb vor, dass es in einer Konkurrenzwirtschaft prinzipiell keinen objektiven Gemeinwillen geben kann. Es sei im Gegenteil in einer pluralistischen Gesellschaft wichtig, dass die Sonderinteressen jeder Gruppe ehrlich eingebracht werden, um dann nach guten Kompromissen zu suchen. Umgekehrt sei es eine höchst gefährliche Ideologie, im Sinne von Rousseau, den Arbeitern den Verzicht auf ihre persönlichen Interessen zu Gunsten des Vaterlandes oder eines sonstigen Allgemeinwohles abzuverlangen.

Hierzu ist zu sagen, dass Rousseau noch weitgehend in einer vorkapitalistischen Welt lebte und sich seine Forderung nach der Verwirklichung des Allgemeinwohls gegen die Unterdrückung des Volkes durch den Adel richtete. Auch darf man nicht vergessen, dass Rousseau ein überzeugter Vertreter der Aufklärung war und sich stets zur Toleranz als grundlegender Doktrin eines künftigen Staates bekannte:

> Heute, wo es eine ausschließliche Staatsreligion nicht mehr gibt und geben kann, muss man alle jene tolerieren, die ihrerseits die anderen tolerieren, sofern ihre Dogmen nicht gegen die Pflichten des Bürgers verstoßen. [51]

Fest steht auch, dass er mit seiner radikalen Forderung der Volksherrschaft als der einzig gerechten Regierungsform die Französische Revolution beflügelte. Er starb elf Jahre zu früh, um noch erleben zu können, wie nach dem Vorbild seines Gesellschaftsvertrags die erste französische Verfassung ausgearbeitet wurde. Die Parole „Freiheit, Gleichheit, Brüderlichkeit" geht zweifellos auf Rousseaus Werk zurück. Als der abgesetzte König Ludwig XVI im Gefängnis Bücher von Rousseau und Voltaire vorfand, soll er wütend ausgerufen haben: „Diese beiden Männer haben Frankreich zerstört." Tatsächlich war Rousseau ein entscheidender Wegbereiter der Französischen Revolution und des modernen Europa.

Die Erziehung zur natürlichen Freiheit

Neben seinem politischen Hauptwerk, dem „Contract Social", hat Rousseau auch ein pädagogisches Manifest geschrieben. Darin versuchte er, die natürliche Freiheit des Menschen zu stärken und wiederzubeleben. Rousseau wusste, dass es keinen wirklichen Weg zurück in den Naturzustand gab. Dafür hatte sich die Zivilisation schon viel zu weit von ihrem Ursprung entfernt. Auch der „Gesellschaftsvertrag" und die Gründung demokratischer Republiken könnten nur einzelne Zumutungen der Zivilisation wie die politische Ungleichheit aufheben. Allerdings sah Rousseau noch eine zweite große Chance, die nachkommenden Generationen aus der gesellschaftlichen Entfremdung zu befreien – die Kindererziehung.

Es sei möglich, die Kinder trotz aller Zwänge der Eigentumsgesellschaft, in die sie hineingeboren werden, mit etwas Geschick zu natürlichen, freien und selbstbewussten Menschen zu erziehen. Sein Gedanke war einfach und konsequent. Ein Neugeborener ist im Grunde seiner Seele noch immer ein edler Wilder, da er von der Zivilisation noch keinerlei Vorstellung hat. Er fängt sozusagen bei null an, ist völlig unverdorben. Und da der kleine Mensch von Natur aus gut ist und sich seine Tugend von selbst entfaltet, muss dieser Entwicklung nur freier Lauf gelassen werden. Die zentrale Aufgabe der Erziehung ist deshalb bei Rousseau eine passive oder wie er selbst sagt, eine „negative":

> Die erste Erziehung muss also rein negativ sein. Sie besteht keineswegs darin, Tugend und Wahrheit zu lehren, sondern darin, das Herz vor dem Laster und den Geist vor dem Irrtum zu bewahren. [52]

Jede autoritäre Indoktrination mit gesellschaftlichen Werten oder kulturellem Wissen würde die Unschuld des Kindes sofort verderben und hat daher zu unterbleiben. An die Stelle der Erziehung durch die Eltern müsse die natürliche Selbstentfaltung des Kindes treten.

Dieses neue Erziehungskonzept veröffentlichte Rousseau nicht, wie man erwarten könnte, in einem wissenschaftlichen Sachbuch, sondern in einem Roman mit dem Titel „Emile oder über die Erziehung". Emile ist im Roman der Name eines neugeborenen Kindes, dessen Reifungsprozess von der Geburt bis ins Erwachsenenalter spannend und detailliert beschrieben wird. Anhand seiner Entwicklung zeigt Rousseau exemplarisch, wie eine angemessene Erziehung auszusehen habe. Der Hauptfehler der traditionellen Pädagogik bestünde darin, dass die Erwachsenen immer nur versuchen, Kinder und Jugendliche wie Gemüse oder fruchtmanipulierte Obstbäume nach ihrem Willen heranzuzüchten:

> Alles, was aus den Händen des Schöpfers kommt ist gut; alles entartet unter den Händen des Menschen. Er zwingt einen Boden, die Erzeugnisse eines anderen zu züchten, einen Baum, die Früchte eines anderen zu tragen [...]. Nichts will er so, wie es die Natur gemacht hat, nicht einmal den Menschen. Er muss ihn dressieren wie ein Zirkuspferd. Er muss ihn seiner Methode anpassen und umbiegen, wie einen Baum in seinem Garten. [53]

Diese ersten Sätze des Emile geben bereits die Richtung vor, in der eine angemessene Erziehung wirken muss. Sie darf die Natur der Kinder nicht umbiegen, sondern muss sie gedeihen lassen. Deshalb wird der kleine Emile von Anfang an ohne die im achtzehnten Jahrhundert üblichen Apparaturen aufgezogen:

> Emile wird weder Fallhauben, Gehkörbe, Laufwägelchen noch Gängelbänder haben [...]. 54

Auch dürfen ihn keine übervorsichtigen Ammen beschützen und von seiner freien Entfaltung abhalten:

> Anstatt ihn in der verbrauchten Luft seines Zimmers vegetieren zu lassen, führe man ihn täglich nach draußen. Da soll er laufen und herumtollen; und wenn er hundert mal am Tag hinfällt – um so besser, dann lernt er auch am besten, wie er wieder aufstehen kann. 55

Rousseaus Kerngedanke

Natürlich wusste auch Rousseau, dass man die Kinder nicht völlig unbeaufsichtigt lassen konnte, wenn man nicht riskieren wollte, dass sie verhungern oder umkommen. Deshalb schlug er vor, Emile und alle anderen Kinder die ersten zwölf Jahre von einem Erzieher betreuen zu lassen. Dessen Hauptaufgabe sei es, die Kinder vom Einfluss der Kultur zu schützen, sodass sie weder durch die Eltern noch durch eine allzu frühe Einschulung verdorben werden können. Stattdessen sollten die Kinder möglichst viele konkrete Erfahrungen sammeln, die Welt auf ihre Art entdecken und dabei ausschließlich ihrer eigenen Neugierde und ihrem Tatendrang folgen:

Ich kann nicht genug wiederholen, dass nur rein physische Dinge für die Kinder von Interesse sind [...]. Alles, was mit der geistigen Ordnung und gesellschaftlichen Belangen zusammenhängt, darf ihnen nicht zu früh begegnen, weil sie noch nicht im Stande sind, es zu verstehen. [56]

Dabei empfiehlt Rousseau, den Zögling mit einem kleinen Trick zu erziehen:

Lasst ihn immer im Glauben, er sei der Meister, seid es in Wirklichkeit aber selbst. [57]

Der Erzieher muss zwar in jeder Hinsicht ein Vorbild an Tugend und Aufrichtigkeit sein, darf aber ein gewisses Rollenspiel betreiben. So wird gleichzeitig die Kontrolle behalten und dem Kind die freie Selbstentfaltung ermöglicht:

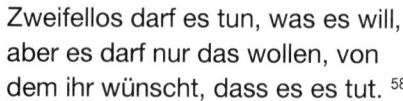

Zweifellos darf es tun, was es will, aber es darf nur das wollen, von dem ihr wünscht, dass es es tut. [58]

Emile erlernt ein solides Handwerk und macht eine Tischlerlehre. Erst nach dem zwölften Lebensjahr wird er wirklich sozialisiert und mit geistigen Erfahrungen konfrontiert. Dabei steht wiederum die emotionale Entwicklung im Vordergrund. Mit dem Erwachen des Sexualtriebes wird er mit dem Bauernmädchen Sophie zusammengebracht und erlebt mit ihr das Gefühl der liebenden Zuwendung. Erst dann dürfen dem Pubertierenden nach und nach gesellschaftliche und abstrakte Normen und Verhaltensregeln vermittelt werden.

Rousseaus Pädagogik ist allerdings nicht ohne Widerspruch und Kritik geblieben. So wird die erste Liebespartnerin Sophie nicht von Emile selbst ausgesucht, sondern von seinem Erzieher, was Rousseaus eigener Forderung nach der Selbstbestimmung des Kindes widerspricht. Auch ist die von ihm empfohlene natürliche Selbstentfaltung der Kinder unter Abschirmung von der Außenwelt bedenklich, insbesondere als Emile im Roman jeder normale Kontakt mit den Eltern und Gleichaltrigen versagt wird. Aus heutiger Sicht ist gerade der frühe soziale Austausch durchaus gewinnbringend und notwendig.

Dennoch war Rousseaus Idee einer antiautoritären Erziehung unter Berücksichtigung der Selbstentfaltung des Kindes ein revolutionärer und wichtiger

Ansatz. Jeder kleine Mensch sollte erst einmal die Chance bekommen, selbst die Welt zu entdecken und nach seinen Bedürfnissen und Kräften zu gestalten. Nur so entwickelt er nach Rousseau ein gesundes Selbstgefühl und kann später kritisch mit den Normen, Verhaltensregeln und Zwängen der Gesellschaft umgehen. Gut hundert Jahre später bekam Rousseau in dieser Angelegenheit prominente Unterstützung. Denn auch der Wiener Psychoanalytiker Sigmund Freud warnte eindringlich davor, die Kinder durch zu frühe Versagungen zu traumatisieren und zu schädigen.

Was nützt uns Rousseaus Entdeckung heute?

Dagegen sein – eigene Wege gehen

Rousseau war zweifellos ein genialer Geist, der alle tradierten Werte in Frage stellte. Sein ganzes Leben lang war er vor allem eines – dagegen. So war er gegen die Monarchie, gegen die Kirche, gegen den bestehenden Staat, gegen die Ungleichheit, gegen die traditionelle Kindererziehung, gegen die Ehe und natürlich gegen den technischen Fortschritt und die Zerstörung der Natur. Modern formuliert könnte man sagen, er war ein professioneller Aufwiegler. Sein Markenzeichen war sein Widerspruchsgeist. Auch ihm selbst war das von Anfang an bewusst. So distanziert er sich bereits in der Einleitung zum ersten Diskurs in aller Klarheit vom Mainstream des zeitgenössischen Denkens:

Es wird zu allen Zeiten Leute geben, die sich von den Meinungen ihres Jahrhunderts, ihres Landes und ihrer Gesellschaft fesseln lassen [...].

Für solche Leute darf man nicht schreiben, wenn man über sein Jahrhundert hinaus leben will. [59]

Und Rousseau wollte über sein Jahrhundert hinausleben. Er hatte Sendungsbewusstsein. Sein unbescheidenes Ziel war die Dekonstruktion sämtlicher Werte und Vorstellungen seiner Epoche. Dabei ließ er keinen Stein auf dem anderen.

Seine Zeitgenossen glaubten, dass mit zunehmenden Fortschritt die Menschheit auch moralisch besser würde. Rousseau vertrat das Gegenteil. Der Besitz von Eigentum wurde von seinen Mitbürgern als natürliche Erbfolge verstanden, von Rousseau als Unrecht. Kinder galten der zeitgenössischen Pädagogik als defizitäre Mängelwesen, aus denen man schnellstens Erwachsene machen muss. Rousseau sah es genau anders herum. So gibt uns Rousseau am Ende eine provokative Handlungsanweisung:

Was nützt uns Rousseaus Entdeckung heute?

> Tut das Gegenteil dessen, was der Brauch ist, und ihr werdet fast immer das Richtige tun. [60]

Diese Regel galt für ihn auch in vielen anderen Bereichen. So lehnte Rousseau die Ehe, das städtische Leben und die höfischen Feste ebenso ab wie die weißen Perücken und die gesamte Mode seiner Zeit. Er suchte das Landleben und trug zwischenzeitlich aus Trotz eine armenische Bauernhaube und einen Kaftan, um sich auch äußerlich von den angepassten Bürgern seiner Zeit zu unterscheiden.

Selbst Gott war ihm nicht heilig. Den personalen Allvater und die Liturgie der Kirche lehnte er ab und vertrat die pantheistische Auffassung, dass Gott in der gesamten Natur gegenwärtig sei. Man käme ihm im Wald näher als in den Gotteshäusern und man spüre ihn im eigenen Herzen mehr als in den Texten der Bibel und der Predigt des Pfarrers.

Mit einem Wort, Rousseau war ein notorischer Quertreiber, der Lust und Freude daran hatte, alles und jedes gegen den Strich zu bürsten. Es verwundert somit nicht, dass er sich mit allen zerstritt, sogar mit seinen Weggefährten, und sein halbes Leben auf der Flucht vor Haftbefehlen wegen kirchlicher oder weltlicher Unbotmäßigkeit war. In Genf wird schließlich sogar die Verbrennung seiner Schriften angeordnet, in Moîtier werfen aufgebrachte Bürger Steine gegen sein Fenster.

Seine Biografie und sein Werk sind eine zeitlose Aufforderung, sich kritisch gegen zeitgenössische Wahrheiten und Konventionen zu stellen. Oft entstehen neue Visionen erst, wenn man es wagt, dem Althergebrachten die Stirn zu bieten. Mag Rousseau auch in manchen seiner Thesen übers Ziel hinausgeschossen sein, so hat er doch mit seiner Radikalität entscheidende Anstöße gegeben.

Gleichheit, Freiheit, Brüderlichkeit!

Rousseaus Werk hat zweifellos einen sozialrevolutionären Kern. In aller Deutlichkeit hat er die Erbmonarchie in Frage gestellt. Das spätere Motto der Französischen Revolution „Wer soll das Volk regieren, wenn nicht das Volk?" geht ebenso auf sein Wirken

Was nützt uns Rousseaus Entdeckung heute?

zurück, wie die Parole „Freiheit, Gleichheit, Brüderlichkeit!". Auch wenn er die Revolution selbst nicht mehr erleben durfte, wurde sein Andenken von den französischen Revolutionären in höchsten Ehren gehalten. Sechzehn Jahre nach seinem Tod überführten sie seinen Leichnam unter großem Jubel nach Paris in das Pantheon, das Mausoleum der französischen Nationalhelden.

Und während selbst so große Geister wie Voltaire, Kant und Hegel noch ihre Könige und Fürsten als legitime Herrscher verteidigten, sich arrangierten oder sogar wie Voltaire direkt am Hofe des Königs lebten, war Rousseau in seinen Schriften bereits erheblich kompromissloser. In der politischen Ökonomie resümiert er noch einmal ganz klar:

> Die erste Quelle des Übels ist die Ungleichheit, aus der Ungleichheit entsprangen die Reichtümer, denn die Worte reich und arm sind relativ, und überall, wo die Menschen gleich sind, wird es weder Arme noch Reiche geben. [61]

Wenn man es nicht besser wüsste, würde man dieses Zitat Marx oder Engels zuschreiben, die ebenfalls den historischen Sündenfall in der Einführung des Eigentums gesehen haben. Am Anfang der Geschichte stand sowohl bei Marx und Engels als auch bei Rousseau die eigentumslose Urgesellschaft. Bei Marx allerdings werden die Menschen durch die kommunistische Revolution am Ende der Geschichte wieder in den eigentumslosen Urzustand zurückkehren. Rousseau hat diese Konsequenz nicht gezogen. Er glaubte nicht daran, dass man die Eigentumsgesellschaft je wieder abschaffen kann. Deshalb wurde seine Gesellschaftstheorie von den Marxisten in diesem Punkt als inkonsequent kritisiert.

Rousseaus zentrale Forderungen nach Freiheit, Gleichheit und Brüderlichkeit sind gleichwohl zu Grundpfeilern der modernen Demokratie geworden. Die Gleichheit aller Bürger vor dem Gesetz, die allgemeine kostenlose Schulpflicht, die Gesundheitsversorgung aller Bürger, das gleiche und freie Wahlrecht sind konsequente Errungenschaften und Umsetzungen der Rousseauschen Geisteshaltung.

Allerdings – und das ist das verpflichtende Erbe Rousseaus – müssen wir darauf achten, nicht wieder hinter diese Standards zurückzufallen. Derzeit werden in fast allen europäischen Staaten die Unterschiede zwischen Arm und Reich wieder größer. Auch der Zugang zu Bildung und gut bezahlten Berufen bleibt wieder zunehmend Kindern aus einkommensstarken Familien vorbehalten. Hier sollten wir beharrlich auf Rousseaus Forderungen aus dem achtzehnten Jahrhundert bestehen und die Fahne der Aufklärung in den rauen Wind der Moderne halten. Auch und gerade in kapitalistischen Gesellschaften mit konkurrierenden Marktteilnehmern muss der gleiche und freie Zugang zu Bildungs- und Aufstiegschancen ein unantastbarer Pfeiler der Gesellschaft sein.

Mehr Demokratie wagen

Rousseaus Forderung nach direkter Demokratie, nach regelmäßigen Volksversammlungen, in denen die Bürger selbst über die Gesetze und die Richtlinien der Politik entscheiden, ist bis heute ein Reibstein für jede Form der Demokratie. Bereits der große deutsche Sozialdemokrat Willy Brandt hatte die Devise ausgegeben: „Mehr Demokratie wagen!"

In den meisten Demokratien werden die Gesetze und Entscheidungen immer noch mit Hilfe von Stellvertretersystemen getroffen, also durch gewählte Abgeordnete oder Parteien. Die damit einhergehende unzureichende Beteiligung der Bürger an wichtigen

Entscheidungen wird immer dann spürbar, wenn Politiker gegebene Zusagen nach der Wahl nicht einhalten. So hört sich Rousseaus Kritik am englischen Abgeordnetenhaus erstaunlich aktuell an:

> Das englische Volk glaubt frei zu sein, es täuscht sich gewaltig, es ist nur frei während der Wahl der Parlamentsmitglieder; sobald diese gewählt sind, ist es Sklave, ist es nichts. [62]

Natürlich schien eine direkte Basisdemokratie ohne gewählte Abgeordnete, wie sie Rousseau vorschwebte, lange Zeit unmöglich zu sein. Man kann beispielsweise nicht einfach Millionen Franzosen auf einem Marktplatz versammeln und abstimmen lassen. Auch Rousseau selbst räumte ein, dass sein Demokratiemodell nur in sehr kleinen Staaten möglich ist. Ihm war klar, dass sein „Contrat Social" nur eine Idealkonstruktion, eine Art Reinform der Demokratie darstellte, denn, so Rousseau:

Was nützt uns Rousseaus Entdeckung heute?

> Nimmt man den Begriff in der ganzen Schärfe seiner Bedeutung, dann hat es niemals eine echte Demokratie gegeben, und wird es sie auch niemals geben. [...] Man kann sich nicht vorstellen, dass das Volk unaufhörlich versammelt bleibt, um die öffentlichen Angelegenheiten zu besorgen, und man sieht leicht, dass es dafür keine Ausschüsse einsetzen kann, ohne dadurch die Form der Verwaltung zu ändern. [63]

Rousseaus Skepsis gegenüber seinem eigenen Modell der Vollversammlungen und der direkten Demokratie ist verständlich, bedenkt man, das es zu seiner Zeit nicht mal Mikrofone und Lautsprecher gab, um die Diskussion und die Abstimmung einer großen Zahl versammelter Bürger zu realisieren.

Heute dagegen ist vieles möglich geworden, was früher utopisch schien. Über Internet-Foren, Blogs und elektronische Medien können Gesetzesvorlagen problemlos heruntergeladen, vom Bürger geprüft, diskutiert und entschieden werden. Zwar geht es auch im Internetzeitalter nicht gänzlich ohne Ausschüsse, die solche Gesetzesvorlagen juristisch vorbereiten.

Aber die Diskussion und die Abstimmung der Gesetze könnte durchaus in einer virtuellen Vollversammlung direkt vom Volk vorgenommen werden. Tatsächlich gibt es in vielen Ländern Europas Bestrebungen, die Bürger künftig in Volksbefragungen über die Nutzung der Atomenergie und andere Projekte direkt abstimmen zu lassen. Bisher finden solche Abstimmungen nur in größeren Abständen mit konventionellen Stimmzetteln statt. Doch gerade angesichts der rasch wachsenden technischen Möglichkeiten erlebt Rousseaus Forderung nach einer ständigen Beteiligung des Volkes an allen Entscheidungen eine ungeheure Renaissance. Es deutet vieles darauf hin, dass der Parlamentarismus bereits in den nächsten hundert Jahren von der direkten Demokratie abgelöst werden kann.

Die Besinnung auf die Natur – ökologisch leben

Bisweilen wird die These vertreten, Rousseau wäre der erste Grüne gewesen, der Begründer der Ökologiebewegung, also der erste, der den Kreislauf zwischen menschlichem Leben und der Natur als Ganzes erkannt hat. Für diese These spricht einiges. In der Tat

Was nützt uns Rousseaus Entdeckung heute?

hat Rousseau wie kein anderer darauf hingewiesen, dass der Mensch in Harmonie mit seiner Umwelt leben muss. Er hat vor den Gefahren der Ausbeutung der Natur ebenso gewarnt wie vor der rigorosen Massenproduktion. Erstaunlicherweise kritisiert er bereits im 18. Jahrhundert die Denaturierung und Vergiftung der Nahrungsmittel:

> Denkt man an die ungeheure Vermischung von Speisen, an die schädliche Zurichtung derselben, an die verdorbenen Lebensmittel, an das verfälschte Zeug, das hier und da verkauft wird, an die Betrügerei derjenigen, die es verkaufen, und [...] an das Gift der Gefäße, in denen es zubereitet wird, erwägt man die epidemischen Krankheiten, die aus der üblen Luft zwischen versammelten Menschen entstehen [...] so wird man finden, wie teuer uns die Natur die Verachtung bezahlen lässt, mit welcher wir ihre Lehren ansehen. [64]

Rousseau würde sich wohl im Grabe umdrehen, müsste er die heutigen Lebensmittelskandale miterleben oder auch nur einen Tag lang Zeuge sein, wie sich der alltägliche Berufsverkehr morgens und abends durch die Großstädte wälzt. Tausende Arbeitnehmer drängen sich unter der Erde in U-Bahnen, kaufen in Fastfood-Restaurants Getränke und Essen in Plastikbehältern. Im Großraumbüro angekommen, atmen sie umgewälzte Luft aus der Klimaanlage und starren den ganzen Tag bewegungslos auf Monitore.

Kein Zweifel, Rousseau würde sich in seiner Zivilisationskritik bestätigt fühlen. Seine damalige Warnung vor der Denaturierung der Nahrungsmittel gilt heute mehr denn je. Genmanipulierte Produkte, Fertiggerichte aus der Mikrowelle, Pestizide im Gemüse, Rinderwahnsinn und andere Lebensmittelskandale würden ihn ebenso in Aufruhr versetzen, wie die Feinstaub- und Abgasemissionen in den Großstädten.

Von ähnlicher Aktualität sind daher auch seine Warnungen vor der Bevölkerungszunahme und der Urbanisierung.

Als das große Erdbeben in Lissabon 30.000 Menschenleben forderte, schrieb Rousseau in einem Brief an Voltaire:

Was nützt uns Rousseaus Entdeckung heute?

> [...] gestehen Sie mir zum Beispiel zu, dass nicht die Natur dort zwanzigtausend Häuser von sechs bis sieben Stockwerken versammelt hatte und dass, wenn die Einwohner dieser großen Stadt gleichmäßiger zerstreut und leichter beherbergt gewesen wären, die Verheerung weit geringer gewesen und vielleicht gar nicht geschehen wäre. [65]

Auch der Tsunami, der im März 2011 große Teile der japanischen Ostküste zerstört hatte, so könnte man mit Rousseau argumentieren, wäre weit weniger schädlich gewesen, hätten die Menschen nicht Kernkraftwerke an die Küste bei Fukushima gebaut. Rousseau war zweifellos der erste, der eine Abschätzung der Technikfolgen anmahnt. So kritisiert er bereits die rücksichtslose Freisetzung hochgiftiger Stoffe bei der industriellen Metallproduktion:

> Man tue zu diesem allem noch die Menge der ungesunden Handwerke hinzu, die entweder die Tage der Arbeiter verkürzen oder ihre Gesundheit verderben. Von dieser Art sind die Arbeiten in den Minen, die verschiedene Bearbeitung der Metalle und der Mineralien, vornehmlich des Bleis, des Kupfers, des Quecksilbers, von Kobalt, Arsen und Schwefel [...]. [66]

Nimmt man all diese Beobachtungen zur Ausbeutung der Natur zusammen, zeichnet sich ohne jeden Zweifel ein ökologischer Kerngedanke ab. Rousseaus zentrales Anliegen bestand in der Aufforderung, mit der Natur in Einklang zu leben. Damit wandte er sich ebenso vom technischen Fortschrittsglauben ab wie vom biblischen Gebot: „Macht euch die Erde untertan!". Rousseau verstand die Natur nicht mehr als feindliche Wildnis, die es zu besiegen und zu kultivieren galt, sondern als eine Lehrmeisterin, die uns die Zusammenhänge des Lebens zeigt. Wenn wir die Kreisläufe und die Harmonie der Natur stören, müssen wir dafür einen hohen Preis zahlen. Die Natur selbst, so Rousseau wörtlich, wird uns für „die Verachtung, die wir ihr entgegen bringen, teuer bezahlen lassen". Auch wenn Rousseau den Begriff der ökologischen Nachhaltigkeit nicht wörtlich formulierte, war er implizit der erste Vertreter einer solchen Lebenshaltung. Seine vor über zweihundertfünfzig Jahren geäußerte Forderung, mit der Natur in Einklang zu leben, ist inzwischen zu einer Schicksalsfrage der Menschheit geworden.

Erziehung zur Freiheit

Als modernes Individuum steht man ständig in der Gefahr, sich von der Meinung der anderen anstecken zu lassen und seinen eigenen Gefühlen nicht mehr zu vertrauen. Rousseau erkannte bereits im 18. Jahrhundert diesen immensen Anpassungsdruck:

Unsere ganze Weisheit besteht aus servilen Vorurteilen. All unsre Sitten sind nichts als Unterwerfung, Druck und Zwang. [67]

Er kritisierte leidenschaftlich jede Form gesellschaftlichen Zwangs. Deshalb sei es bei der Erziehung der Kinder von größter Bedeutung, sie nicht zu Mitläufern, sondern zu selbstbestimmten Individuen zu machen. Von seinen Zeitgenossen wurde diese These noch belächelt. Doch zwei Jahrhunderte später, in den sechziger Jahren des 20. Jahrhunderts hat man die Idee der natürlichen Selbstverwirklichung mit großem Interesse aufgegriffen.

Unter dem Schlagwort der antiautoritären Erziehung wurde Rousseaus Werk zum Ausgangspunkt einer radikalen pädagogischen Reformidee. Linksintellektuelle Eltern erzogen ihre Kinder erstmals sanktionsfrei ohne Schläge und Zwang. Körperliche Strafen galten auf einmal als „schwarze Pädagogik". Zahlreiche psychologische Experimente wurden durchgeführt, in denen man den Kindern sogar die Auswahl der Nahrungsmittel selbst überließ. Es stellte sich aber heraus, dass die völlig freie Selbstentfaltung für die Kinder nicht immer die erwünschten Entwicklungsergebnisse brachte und umgekehrt für Eltern und Pädagogen äußerst anstrengend war.

Nach anfänglicher Euphorie stutzte man deshalb die Idee, die Entwicklung der Kinder sich selbst zu überlassen auf ein realistisches Maß.

Was nützt uns Rousseaus Entdeckung heute?

Auch wenn die antiautoritäre Erziehung gescheitert sein mag, sind inzwischen doch viele Erziehungsideale von Rousseau fester Bestandteil der pädagogischen Lehre. Nicht nur in anthroposophischen Kindergärten und Schulen wird der natürlichen Entwicklung der Kinder Rechnung getragen.

Man versucht auch an anderen Schulen den Lernstoff besser an die jeweiligen Reifephasen der Kinder anzupassen. Auch das von Rousseau empfohlene Lernen durch praktische Erfahrungen und konkrete Erlebnisse wird gefördert, um individuelle Begabungen besser entfalten zu können.

Auch seine weitsichtige Forderung nach mehr Bewegungsfreiheit für die Kinder wird heutzutage Rechnung getragen. Man darf nicht vergessen, dass es zu Rousseaus Zeit noch sehr rigide Erziehungsmethoden gab. So wurden die Neugeborenen in feste Kokons eingewickelt, um sie am Zappeln zu hindern. Indem man den Bewegungsdrang der Säuglinge unterdrückte, wollte man Verletzungen vorbeugen und sie solchermaßen von Anfang an zum Stillhalten zwingen, wie dies auch später im Erwachsenenleben von ihnen verlangt wird.

Rousseau sah diesen pädagogischen Eingriff zu Recht kritisch:

> Der gesellschaftliche Mensch kommt als Sklave zur Welt, lebt und stirbt als Sklave. Bei seiner Geburt zwängt man ihn in eine Wickel, bei seinem Tod nagelt man ihn in einen Sarg. Solange er menschliche Gestalt hat, ist er durch unsre Institutionen gefesselt. [68]

Diese leidenschaftliche Warnung vor lebenslanger Einschnürung ist ein weiteres Vermächtnis von Rousseau, das wir nie vergessen sollten. Alle Erziehungsmaßnahmen, Rituale und gesellschaftlichen Zwänge sind immer wieder daraufhin zu überprüfen, ob sie der gesunden Entfaltung förderlich sind oder nicht.

Raus aus der Matrix – intensiv leben

Auch wenn das damalige Frankreich noch weitgehend von der Landwirtschaft geprägt war, gab es doch bereits erste Manufakturen, Handelsgesellschaften und ein ausgeklügeltes Steuer- und Finanzsystem. Rousseau hat diese Anfänge des Kapitalismus erkannt und auch hier vor den Auswirkungen auf den Menschen gewarnt. Anders als die Politiker der Antike, die Rousseau „die Alten" nennt, würden heutige Politiker und Wirtschaftsführer die Menschen zur Ware und zu bloßen Konsumenten degradieren:

> Die Politiker der Alten redeten immerfort von Sitten und Tugend, die unsrigen reden von nichts als vom Handel und vom Gelde. [...] Sie schätzen die Menschen wie Herden Vieh. Ihrer Meinung nach, hat der Mensch für den Staat keinen anderen Wert, als das, was er dort verbraucht. [69]

Lange vor Adorno und Marcuse warnte Rousseau also vor den Gefahren der Konsumindustrie und der totalen Manipulation. Es bestünde die Tendenz, so Rousseau, das durch die Jagd nach Ansehen und Geld an die Stelle unserer eigentlichen Natur eine andere künstliche Natur tritt, die Konsumentennatur:

> [...] so wird ein jeder aufmerksame Leser [...] begreifen, wie sich die Seele und die Leidenschaften des Menschen unmerklich verändert und sozusagen eine andere Natur angenommen haben; warum wir immer andere Dinge zu Gegenständen unserer Bedürfnisse und unserer Ergötzlichkeiten machen; warum der ursprüngliche Mensch allmählich verschwunden ist, und der Weise in der ganzen Gesellschaft nichts anderes findet, als eine Versammlung von gekünstelten Menschen und gemachten Leidenschaften [...]. 70

Rousseau empfiehlt uns, aus der Matrix der gekünstelten Welt auszubrechen und uns wieder auf unsere innere ursprüngliche Natur zu besinnen.

Und diese Forderung, aus der gekünstelten Welt auszubrechen, ist zugleich der Kerngedanke, der sich wie ein roter Faden durch das ganze Werk von Rousseau hindurchzieht.

In seinem ersten Diskurs über den zunehmenden moralischen und körperlichen Verfall der Menschen in der Zivilisation hat er bereits die Überformung unserer ursprünglich gesunden und unverdorbenen Natur durch Luxus, Eitelkeit und Neid beklagt.

In seinem zweiten Diskurs über die Entstehung der Ungleichheit unter den Menschen hat er folgerichtig die kapitalistische Eigentumsgesellschaft als künstliche und ungerechte Institution kritisiert. Von Natur aus, so Rousseau, sind alle Menschen gleich und haben dasselbe Recht auf die Früchte dieser Erde. Erst die Einführung des Eigentums und der Geldwirtschaft hat die Menschen in Reiche und Arme, Freie und Sklaven, Mächtige und Ohnmächtige unterteilt.

In seinem dritten und politisch wichtigsten Buch, dem „Contrat Social" unternimmt er dann konsequenterweise den Versuch, eine ideale Gesellschaftsordnung zu entwerfen, in der jeder Mensch seine ursprüngliche Natur und Freiheit behalten und gleichzeitig mit anderen in einem Staat zusammenleben kann. Indem es keine Könige, Politiker, Abgeordnete, Parlamente und Parteien mehr gibt, sondern nur noch Menschen, die in Versammlungen je selbst über ihr

Schicksal entscheiden, bleiben die Menschen in dieser Hinsicht so frei wie im Naturzustand.

Und auch in seinem letzten großen Werk, dem „Emile", geht es ihm einzig und allein darum, die ursprüngliche Natur und die freie Entfaltung des Menschen zu erhalten und gegen verderbliche Einflüsse der Erziehung und der Gesellschaft zu schützen. Denn, so Rousseaus feste Überzeugung, jeder Mensch trägt in sich von Natur aus eine gute Seele. Deren natürliche Entfaltung ist die eigentliche Berufung eines jeden jungen Menschen und nicht das, was die Erziehung aus ihm macht oder machen will:

Vor der Bestimmung der Eltern fordert ihn die Natur für das menschliche Leben. Leben ist der Beruf [...]. 71

Was meint Rousseau damit? Die Natur beruft uns zum menschlichen Leben. In diesem kleinen Satz steckt eine ungeheure Sprengkraft und zugleich eine fatale Unvereinbarkeit, eine Unvereinbarkeit, die Rousseau sein ganzes Leben lang in Atem gehalten hat und ihn bis zu seinem Tod nie mehr zur Ruhe kommen ließ. Denn einerseits beruft uns die Natur seit dem Moment unserer Geburt dazu, unsere Neugier, Lust und Lebensfreude vertrauensvoll, ohne Hintergedanken und von ganzem Herzen auszuleben, andererseits steht dem so ungeheuer vieles im Weg, dass wir zwangsweise enttäuscht werden, Abstriche machen, uns anpassen und irgendwann sogar Gefahr laufen, alles aufzugeben, was uns einmal in die Wiege gelegt wurde.

Rousseau stößt uns an dieser Stelle noch einmal mit der ganzen Radikalität seines philosophischen Kerngedankens auf die Tragik unserer Existenz. Wir werden von der Natur her als freie, neugierige und liebesbedürftige Kinder geboren, kämpfen dann aber ein Leben lang gegen Zwänge, Härten und Notwendigkeiten. Die Unvoreingenommenheit und das wache und sensible Zugehen auf die Welt weichen irgendwann der Berechnung und dem funktionalen Aufgehen in den alltäglichen gesellschaftlichen Imperativen. Äußerliche Dinge wie Job, Wohnung, Ansehen, Konsum und mediale Scheinwelten gewinnen die Oberhand, bis wir schließlich in kleinbürgerlichem Egoismus, privater Vorsorge und Teilnahmslosigkeit aufgehen. Rousseau lässt uns das nicht durchgehen und erinnert uns an unsere eigentliche Bestimmung, die einzige, die wir hier auf dieser Welt haben:

In der natürlichen Ordnung, wo die Menschen alle gleich sind, ist das Menschsein ihr gemeinsamer Beruf. Und wer immer zum Menschsein erzogen wurde, kann nicht fehlgehen in der Erfüllung aller Aufgaben, die es verlangt [72]

Zitatverzeichnis:

1. Zitat, Jean-Jacques Rousseau, Vom Gesellschaftsvertrag oder Grundsätze des Staatsrechts, Reclam Verlag, Stuttgart 1977, S.5 im Folgenden zitiert als „Gesellschaftsvertrag"
2. Zitat, Jean-Jacques Rousseau, Vier Briefe an den Herrn Präsidenten von Malesherbes, das wahre Gemälde meines Charakters und die wahren Beweggründe meiner ganzen Aufführung enthaltend, in: Jean-Jacques Rousseau, Schriften Band 1, Hrsg. H. Ritter, Fischer Taschenbuchverlag, Frankfurt a. Main 1988, S. 483
3. Zitat, Jean-Jacques Rousseau, Abhandlung über die Frage, ob die Wiederherstellung der Wissenschaften und Künste zur Läuterung der Sitten beigetragen hat? in: Jean-Jacques Rousseau, Schriften Band 1, Hrsg. H. Ritter, Fischer Taschenbuchverlag, Frankfurt am Main, S. 37, im Folgenden zitiert als „Abhandlung Sitten"
4. Zitat, Jean-Jacques Rousseau, Abhandlung über den Ursprung und die Grundlagen der Ungleichheit unter den Menschen, in: Jean-Jacques Rousseau, Schriften Band 1, Hrsg. H. Ritter, Fischer Taschenbuchverlag, Frankfurt a. Main 1988, S. 196, im Folgenden zitiert als „Abhandlung Ungleichheit"
5. Zitat, Abhandlung Ungleichheit, S. 200
6. Zitat, Abhandlung Ungleichheit, S. 222
7. Zitat, Abhandlung Ungleichheit, S. 218
8. Zitat, Abhandlung Ungleichheit, S. 218 f.
9. Zitat, Abhandlung Ungleichheit, S. 210
10. Zitat, Abhandlung Ungleichheit, S. 223
11. Zitat, Abhandlung Ungleichheit, Anmerkung XII, S. 295
12. Zitat, Abhandlung Ungleichheit, S. 223
13. Zitat, Abhandlung Ungleichheit, S. 223
14. Zitat, Abhandlung Ungleichheit, S. 200
15. Zitat, Abhandlung Ungleichheit, S. 234
16. Zitat, Abhandlung Ungleichheit, S. 239
17. Zitat, Abhandlung Ungleichheit, S. 236 f.
18. Zitat, Abhandlung Sitten, S. 35
19. Zitat, Abhandlung Sitten, S. 35 f.

20 Zitat, Abhandlung Ungleichheit, S. 264
21 Zitat, Abhandlung Ungleichheit, S. 230
22 Zitat, Abhandlung Ungleichheit, S. 205 f.
23 Zitat, Abhandlung Ungleichheit, S. 244
24 Zitat, Abhandlung Ungleichheit, S. 245
25 Zitat, Abhandlung Ungleichheit, S. 246
26 Zitat, Abhandlung Ungleichheit, S. 246 f.
27 Zitat, Abhandlung Ungleichheit, S. 264
28 Zitat, Abhandlung Ungleichheit, S. 264
29 Zitat, Abhandlung Ungleichheit, S. 225
30 Zitat, Brief von Voltaire an Rousseau vom 30. August 1755, Oeuvres Complètes de Voltaire, Band XI, S. 743-745, Didot Verlag, Paris 1869, S. 744 vom Autor übersetzt gemäß dem französischen Originaltext: „J'ai reçu, monsieur, votre nouveau livre contre le genre humain [...]. On n'a jamais employé tant d'esprit à vouloir nous rendre bêtes; il prend envie de marcher à quattres pattes, quand on lit votre ouvrage."
31 Zitat: Brief von Rousseau an Voltaire vom 17. Juni 1760, Oeuvres Complètes, Band 1, S. 540-542, Gallimard Verlag, Paris 1959, S. 541 f., vom Autor übersetzt gemäß dem französischen Originaltext: „Je ne vous aime point, Monsieur ;....Je vous haïs, enfin, puisque vous l'avez voulu;"
32 Zitat, Abhandlung Ungleichheit, Anmerkung IX, S. 281
33 Zitat, Abhandlung Ungleichheit, S. 193
34 Zitat, Abhandlung Ungleichheit, Anmerkung IX, S. 275
35 Zitat, Gesellschaftsvertrag, S. 5
36 Zitat, Gesellschaftsvertrag, S. 17
37 Zitat, Gesellschaftsvertrag, S. 11
38 Zitat, Gesellschaftsvertrag, S. 103
39 Zitat, Gesellschaftsvertrag, S. 23
40 Zitat, Gesellschaftsvertrag, S. 22
41 Zitat, Gesellschaftsvertrag, S. 99
42 Zitat, Gesellschaftsvertrag, S. 27
43 Zitat, Gesellschaftsvertrag, S. 116
44 Zitat, Gesellschaftsvertrag, S. 21
45 Zitat, Gesellschaftsvertrag, S. 21
46 Zitat, Gesellschaftsvertrag, S. 116 f.
47 Zitat, Gesellschaftsvertrag, S. 152 f.

48 Zitat, Gesellschaftsvertrag, S. 37 f.
49 Zitat, Gesellschaftsvertrag, S. 151
50 Zitat, Gesellschaftsvertrag, S. 28
51 Zitat, Gesellschaftsvertrag, S. 152
52 Zitat: Jean-Jacques Rousseau, Emile oder Über die Erziehung, hrsg. von Martin Rang, Reclam Verlag, Stuttgart 2001, S. 213, im Folgenden zitiert als „Emile"
53 Zitat, Emile, S. 107
54 Zitat, Emile, S. 183
55 Zitat, Emile, S. 183
56 Zitat, Emile, S. 376
57 Zitat, Emile, S. 265
58 Zitat, Emile, S.265 f.
59 Zitat, Abhandlung Sitten, S. 29
60 Zitat, Emile, S. 213
61 Zitat, Bemerkungen von J.J. Rousseau aus Genf über die Antwort des Königs von Polen auf seine Abhandlung, in: Jean-Jacques Rousseau, Schriften Band 1, Hrsg. H. Ritter, Fischer Taschenbuchverlag, Frankfurt a. Main 1988, S. 84
62 Zitat, Gesellschaftsvertrag, S. 103
63 Zitat, Gesellschaftsvertrag, S. 72 f.
64 Zitat, Abhandlung Ungleichheit, Anmerkung IX, S. 277
65 Zitat: Brief an Herrn Voltaire, in Jean-Jacques Rousseau Schriften, Band 1, Hrsg. H. Ritter, Fischer Taschenbuchverlag, Frankfurt a. Main 1988, S. 317
66 Zitat, Abhandlung Ungleichheit, Anmerkung IX, S.279
67 Zitat, Emile, S. 118
68 Zitat, Emile, S. 118
69 Zitat, Abhandlung Sitten, S. 48
70 Zitat, Abhandlung Sitten, S. 263
71 Zitat, Emile, S.116
72 Zitat, Emile, S. 116

In dieser Reihe erschienen:

Walther Ziegler
Camus in 60 Minuten
2. Auflage: Juli 2015
84 Seiten, Paperback, € 9,99
ISBN 978-3-7347-8170-4

Walther Ziegler
Freud in 60 Minuten
2. Auflage: Juli 2015
96 Seiten, Paperback, € 9,99
ISBN 978-3-7347-8024-0

Walther Ziegler
Hegel in 60 Minuten
2. Auflage: Juli 2015
128 Seiten, Paperback, € 9,99
ISBN 978-3-7347-8128-5

Walther Ziegler
Heidegger in 60 Minuten
2. Auflage: Juli 2015
108 Seiten, Paperback, € 9,99
ISBN 978-3-7347-8169-8

Walther Ziegler
Kant in 60 Minuten
2. Auflage: Juli 2015
144 Seiten, Paperback, € 9,99
ISBN 978-3-7347-8172-8

Walther Ziegler
Marx in 60 Minuten
2. Auflage: Juli 2015
112 Seiten, Paperback, € 9,99
ISBN 978-3-7347-8154-4

Walther Ziegler
Platon in 60 Minuten
2. Auflage: Juli 2015
112 Seiten, Paperback, € 9,99
ISBN 978-3-7347-8158-2

Walther Ziegler
Rousseau in 60 Minuten
2. Auflage: Juli 2015
112 Seiten, Paperback, € 9,99
ISBN 978-3-7347-2555-5

Walther Ziegler
Sartre in 60 Minuten
2. Auflage: Juli 2015
116 Seiten, Paperback, € 9,99
ISBN 978-3-7347-8156-8

Walther Ziegler
Smith in 60 Minuten
2. Auflage: Juli 2015
100 Seiten, Paperback, € 9,99
ISBN 978-3-7347-8157-5

Große Denker in 60 Minuten

Sämtliche Bücher der Reihe sind auch gebunden als Hardover im gleichen Verlag erschienen.

Demnächst in dieser Reihe:

Walther Ziegler
Adorno in 60 Minuten

Walther Ziegler
Arendt in 60 Minuten

Walther Ziegler
Bacon in 60 Minuten

Walther Ziegler
Descartes in 60 Minuten

Walther Ziegler
Foucault in 60 Minuten

Walther Ziegler
Habermas in 60 Minuten

Walther Ziegler
Hobbes in 60 Minuten

Walther Ziegler
Nietzsche in 60 Minuten

Walther Ziegler
Popper in 60 Minuten

Walther Ziegler
Rawls in 60 Minuten

Walther Ziegler
Schopenhauer in 60 Minuten

Walther Ziegler
Wittgenstein in 60 Minuten

Der Autor:

Dr. Walther Ziegler hat Philosophie, Geschichte und Politik studiert. Als Auslandskorrespondent, Reporter und Nachrichtenchef des Fernsehsenders ProSieben produzierte er Filme auf allen Kontinenten. Seine Reportagen wurden mehrfach preisgekrönt. Seit 2007 bildet er in München junge TV-Journalisten aus und leitet die Medienakademie auf dem Gelände der Bavaria Film, eine Hochschulbildungseinrichtung für Film- und Fernsehstudiengänge. Er ist zugleich Autor zahlreicher philosophischer Bücher. Als langjährigem Journalisten gelingt es ihm, das komplexe Wissen der großen Philosophen spannend und verständlich darzustellen.